信蜂

中国信息传播的新兴群体

生活者"动"察2014
The Dynamics of Chinese People

博报堂生活综研（上海）

文匯出版社

【前言】

如何去打动并影响
中国特有的信息传播群体

短短数年间，中国的信息环境日新月异。截至2013年底，中国的网民规模已突破了六亿。而另据调查[1]显示，在一线城市的北上广三地，智能手机的普及率均已无一例外地超过了90％。事实上，我们每个人都可以轻易地在现实生活中亲身感受到这种变化所带来的冲击。比如说，地铁车厢内随处可见的"低头族"们。

人与人之间的沟通方式也随之发生了变化。以微博、微信为代表的各种网络沟通工具应运而生，生活者的信息行为与以往相比也有了巨大的转变。

如果只是简单地讨论生活者信息行为变化的话，那么，这个变化确实有可能是全球共通的。但是实际上，就信息的扩散方式而言，每个国家拥有各自不同的特点。比如说，当被问及"您是否觉得现在流行的新产品·新服务的数量比以前多了呢？"的时候，中国的被访者中约有七成的人回答了"YES"，而日本却有五成左右的人回答了"NO"。[2]

此外，我们还注意到，在日本，由于资讯类电视节目、杂志等传统媒体较为发达的缘故，流行信息的传播主要是"经由大众媒体宣传，而后逐步扩散至全国"的一种模式，但是在中国，则更倾向于"经由网络在短时间内快速扩散，瞬间便成为全国范围内的热门话题"。

本次研究是继去年"创漩"之后，与中国传媒大学广告学院合作开展的第二个研究项目，主要目标是，在深入分析和研究中国固有的信息传播方式的基础上，把握其内在构造及特征，并加以概念化的表述。

我们的研究结果表明，与日本、美国不同，中国的生活者更愿意积极地分享和传递新产品·新服务的相关信息。在此，我们将这群"新信息"的传播者命名为"信蜂"(infoBee)。

在本书中，我们分别考察了中日美三国在信息传播模式上的差异、"信蜂"诞生的背景、行为意识和欲求，以及他们所带来的社会影响。在此基础上，为了让企业能够合理地应对"信蜂"所催生的社会现象与变化，我们提出了市场营销方面的相关建议。

我们诚挚地希望，"信蜂"这一观点及其相关建议能为各企业团体今后的市场营销、广告宣传等商业活动带来切实有效的帮助。

博报堂生活综研(上海)　全体研究员

※1：2014年智能手机调查
　　调查对象：15~54岁男女、家庭月收5,000元以上
※2：Digital life生活者调查

本次研究的出发点

**不是探讨
"技术的演变"**　　　　**而是探讨
"生活者发想"**

　　在探讨信息扩散方式这一话题时，我们发现很多报告都是从网络、智能手机的普及，以及微博、微信等诸多新媒体工具的技术发展所带来的变化这一思路进行阐述的，但是，这种以探讨"技术的演变"为基调的研究方式有以下局限性：

　　①不容易发现中国特有的变化点。

　　②不容易挖掘到隐藏在变化背后的生活者的本质欲求。

　　③容易停留在问题的表面，难以实施深入的未来预测。

　　因此，在本次研究中，我们立足于"生活者发想"※这一理念，尝试着对生活者的信息行为及其欲求做出更为本质性的分析和洞察，并就信息传播的构造进行综合性的解析和阐述。在此基础上，我们就生活者所追求的理想生活状态作出了预测，并提出了相应的建议。

> ※所谓"生活者发想"，就是通过洞察生活者的欲求和价值观，来描绘出未来生活图景的一种思维方式。其精髓在于，不是将人单纯地看作"商品或服务的接受方 = 消费者"，而是"创造生活的主体，并在其中消费的人 = 生活者"。
> "生活者发想"是博报堂原创的核心理念。

本次研究引用的调查数据来源(均属博报堂集团的独立调查)

博报堂
【博报堂Global HABIT】
中国数据

调查城市:	北京、上海、广州
调查样本数:	约2,400ss (各城市约800ss)
调查对象条件:	15~54岁男女
	家庭月收4,000元以上
调查项目:	约900个项目
调查手法:	访问面谈调查 (每年1次,自2000年以来每年进行)
调查机构:	央视市场研究股份有限公司 (CTR)

博报堂生活综研(上海)
【Digital life生活者调查】

调查城市:	北京、上海、广州
调查样本数:	3,780ss
调查时期:	2014年1月
调查对象条件:	15~49岁男女
	家庭月收5,000~19,999元
调查手法:	CLT (会场集合调查)
调查机构:	上海诚越市场研究有限公司 (Consumer Insight Research)

博报堂生活综研(上海)
【聊天型MROC
(Marketing Research
Online Community)调查】

调查城市:	北京、上海、广州
调查样本数:	96ss (8人*4组*3城)
调查时期:	2013年12月~2014年1月
调查对象条件:	无孩子男女性 (25岁左右)、有孩子男女性 (30岁左右)
	家庭月收5,000~19,999元
	每周3次以上在微信上投稿
调查手法:	利用微信的网络聊天方式实施的MROC调查
调查机构:	上海诚越市场研究有限公司 (Consumer Insight Research)

博报堂生活综研(上海)
【中·日·美信息传播调查】

调查城市:	日本: 东京、大阪
	美国: 纽约、洛杉矶
	中国: 北京、上海、广州
调查样本数:	第一次: 日本·美国 各1,400ss
	第二次: 日本·美国 各840ss
	中国 1,260ss
调查时期:	第一次: 2013年12月 第二次: 2014年4月
调查对象条件:	15~49岁男女 平均每周上网4次以上
调查手法:	日本·美国 定量调查(网络调查)
	中国 CLT (会场集合调查)
调查机构:	上海诚越市场研究有限公司 (Consumer Insight Research)

博报堂生活综研(上海)
【信息传播者家庭访问调查】

调查城市:	北京、上海、广州、石家庄、张家口、合肥、芜湖
调查样本数:	28ss (4人*7城)
调查时期:	2013年12月下旬~2014年1月初
调查对象条件:	无孩子男女性 (25岁左右)、有孩子男女性 (30岁左右)
	家庭月收5,000~19,999元
	每周3次以上在微信上投稿
调查手法:	家庭访问调查
调查机构:	上海诚越市场研究有限公司 (Consumer Insight Research)

目录

1

中国特有的
信息传播构造

"新产品·新服务"信息的
收发途径

中国"朋友之间的信息收发"更多，远超日本和美国。

为了进一步了解中国"新产品·新服务"信息的传播特征，我们在中国、日本、美国的几大主要城市实施了调研。

首先，关于信息接收方面，我们询问了"您是通过哪种方式来了解新产品·新服务相关信息的呢？"这样一个问题。调查结果显示，无论是日本还是美国，电视都是最主要的信息渠道，第二大信息渠道虽然有所不同，日本为新闻网站，美国则为购物网站，但两者在性质上相同，都属于任何人都可以访问的网络媒体。而在中国，"朋友"成为了最主要的信息渠道，其影响力甚至超过了电视媒体。

接着，关于信息发送方面，我们询问了"您是如何传递分享新产品·新服务相关信息的呢？"这样一个问题。结果表明，在日本和美国，通过LINE或是Facebook分享的人群比例基本持平，通过博客或Twitter分享信息的人也不在少数。总体而言，这是一种面向大众的、不限定传播对象的信息传播方式。而与此相比，中国的信息传播则更多的是通过微信或QQ实现的，其传播对象也多限定在自己的朋友范围内。

信息的接收途径

Q. 请问您是通过哪种方式
来了解关于新产品·新服务相关信息的呢?

单位：%

		日本	美国	中国
朋友	线下+线上	16	25	**48**
大众媒体	TV	45	34	44
	报纸	9	9	22
	杂志	14	19	21
公开的社交媒体	博客/微博/Twitter	21	22	18
	BBS	22	16	14
	购物网站	11	26	26
网络信息	新闻网站	23	16	26
	企业的主页	12	24	13
	店铺的主页	13	24	13

※涂色部分为各国分值最高的两项。

信息的发送途径

Q. 请问您是如何传递分享
新产品·新服务相关信息的呢?

单位：%

		日本	美国	中国
朋友	微信/LINE	21	4	**72**
	QQ/Skype	4	17	**66**
	开心网/Facebook	13	36	8
公开的社交媒体	博客/微博/Twitter	23	31	34
	购物网站	3	10	17
	新闻网站	4	13	12

※涂色部分为各国分值最高的两项。

出处：[Digital life生活者调查]

在中国，
"朋友"既是信息的入口，
也是信息的出口。

我们通过右侧的概念图，将先前介绍的调查结果进行了总结。

在日本和美国，人们更多的是通过以电视为主的大众媒体，或者谁都可以接触到的网络媒体来获取新产品·新服务的相关信息，并通过网络大范围地向外界扩散。

相比之下，在中国，人们更多的则是从"朋友"那里接收信息并向外扩散。传播对象多限定在自己的朋友范围内，而传播途径也多集中于微信或QQ，而不是面向大众的网络媒体。

因此可以说，"限定于朋友之间的信息收发"，正是中国信息传播的重要特征之一。

日本、美国信息收发行为的特征

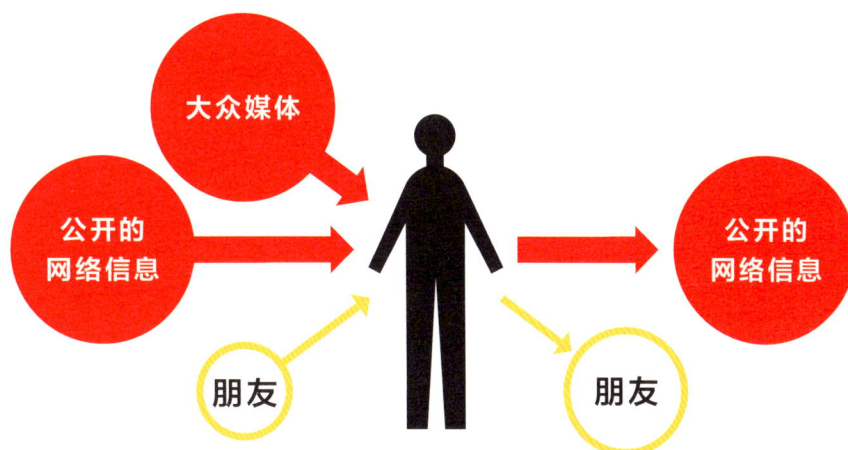

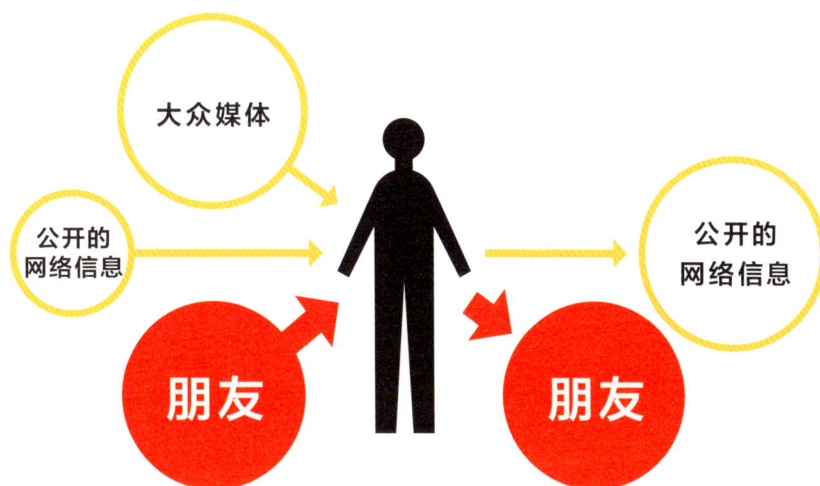

入口 　>>>>>　 出口

中国信息收发行为的特征

"朋友"成为
主要信息渠道的理由

来自朋友的信息，
是值得信赖且有价值的。

众所周知，聊天工具"微信"在中国已经非常普及，生活者也习惯于在微信上交流日常生活中的各种信息。

为此，我们针对微信用户，实施了以"新产品·新服务"信息为主题的定性调查。

其中，关于"您为什么会更重视朋友之间传递的信息呢？"这个问题，我们得到了如下回答：

"陌生人说的话不知道是真是假，还是朋友说的比较可信。"

"现在信息泛滥，朋友会推荐一些比较适合自己的，我就不用再烦恼了。"

"网上的信息很多都已经过时了，从朋友那里可以得到一些最新的。"

……

由此可见，人们认为来自朋友的信息是值得信赖且有价值的。

陌生人说的话
不知道是真是假，
还是朋友说的**比较可信**。

网上的信息很多已经过时，
而从朋友那里能得到一些**最新**的。

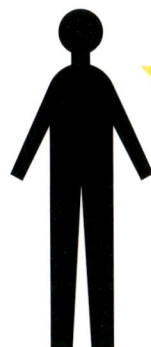

参考朋友评价的情况比较多。
现在信息泛滥，
朋友会推荐一些**比较适合自己**的，
我就不用再烦恼了。

出处：[信息传播者家庭访问调查]

"圈子"意识
影响着信息收发行为。

在中国，为什么"新产品·新服务"信息的传播更倾向于"朋友"这个渠道呢？

我们认为，这是由于在信息收发领域，"圈子"意识也在起作用的缘故。

随着网络的普及和进化，生活者所处的信息环境发生了改变，任何人都可以在社交媒体上登场并发布信息，再加上智能手机等信息传递工具日渐普及，使得生活者每天所接触的信息量相较从前，有了飞跃性的增长。但同时，浅显无用的、不可信的信息也相对增加了。

"圈子"指的是可信赖的、可相互依靠的团体。置身于复杂的信息环境中，自然而然地，生活者在收发信息时，开始越来越重视能给予自己"可信且有价值的信息"的朋友团体，即"圈子"了。

可以说，对于生活在复杂信息环境中的生活者而言，"圈子"起到了"信息过滤网"的作用。

近期的信息环境（尤指网络环境）

不可信的信息

无用的信息

无用的信息

无用的信息

无用的信息

无用的信息

可以信赖的信息

不可信的信息

有价值的信息

不可信的信息

不可信的信息

不可信的信息

圈子外

 # 圈子

可信赖的
可相互依靠的
团体

无用的信息

无用的信息

不可信的信息

有价值的信息

无用的信息

无用的信息

可以信赖的信息

不可信的信息

不可信的信息

无用的信息

无用的信息

无用的信息

可以信赖的信息

不可信的信息

无用的信息

有价值的信息

不可信的信息

无用的信息

不可信的信息

无用的信息

无用的信息

无用的信息

※在中国社会中，"圈子"通常被称为社群、部落、团体等，指的是拥有共同生活背景、兴趣爱好，或者年龄、居住地等属性相近的人群。圈子这一概念，并不是单指人群这一状态，更多的则是与社交、搭建人脉等相关，甚至有衡量个人能力标尺的含义。因此，一个人所处圈子的性质，或被视为个人能力、身份地位的象征，甚至拥有个人名片般的功能。

从朋友那里积极获取信息的同时，也将自己获取的信息进行广泛的分享。

　　在我们的调查中，在中国，有近六成的人回答"收到来自朋友的信息转载/转帖时，基本会看"。此结果表明，相较于日本和美国，中国的生活者在获取来自朋友的信息时，表现得更为积极和主动。这是因为人们对来自朋友的信息抱有浓厚兴趣的缘故，或者说，人们拥有一种希望与朋友保持信息同步的心理欲求。

　　另外，在问及"您在微信/LINE上分享新产品·新服务相关信息时，'朋友圈分享'和'一对一分享'这两种情况中，哪种情况居多？"时，中国有近八成的人回答"通过朋友圈分享"，而日本却只有约三成的人会这么做。总的来说，中国的生活者非常习惯于从朋友那里获取信息的同时，也将自己获取的信息广泛地分享出去。

对于"从朋友那里获取信息"的态度

Q. 收到来自朋友的信息转载/转帖时，
您一般会点进去看吗？

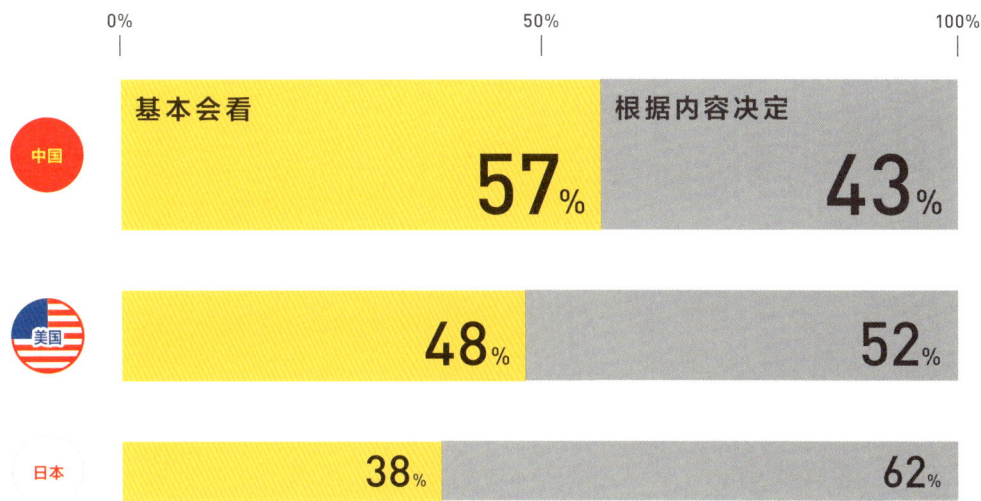

0%　　　　　　　　　50%　　　　　　　　　100%

中国
基本会看 **57**% ｜ 根据内容决定 **43**%

美国
48% ｜ **52**%

日本
38% ｜ **62**%

对于"把信息分享给朋友"的态度

Q. 您在微信/LINE上分享新产品·新服务相关信息时，
"朋友圈分享"和"一对一分享"这两种情况中，哪种情况居多？

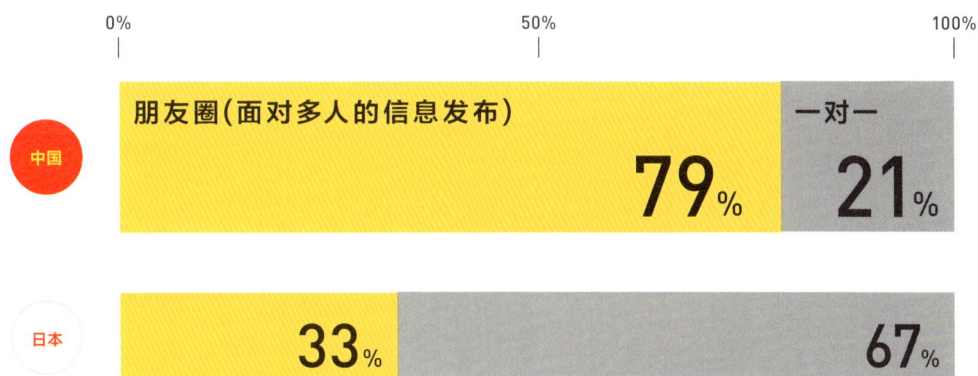

0%　　　　　　　　　50%　　　　　　　　　100%

中国
朋友圈(面对多人的信息发布) **79**% ｜ 一对一 **21**%

日本
33% ｜ **67**%

出处：中国[Digital life生活者调查]；美·日[中·日·美信息传播调查]

生活者
以"圈子"为单位，
进行信息的同步更新。

中国的生活者"在积极从朋友那里获取信息的同时，也将自己所获取的信息广泛地分享出去"。具体地说，先从值得信赖的朋友那里获取对自己有用或有趣的信息，再将这些信息分享给其他朋友，以此来实现朋友间的信息同步更新。

另外，如右图所示，中国的生活者置身于复杂的信息环境中，通过设置"朋友"这一门槛来限定信息收发的范围。处在这个范围内的群体，我们将之称为"信息共同体"。

概括地说，"圈子重视型"信息同步更新行为的特征，体现在它是以"圈子"为单位展开的。

"信息共同体"示意图

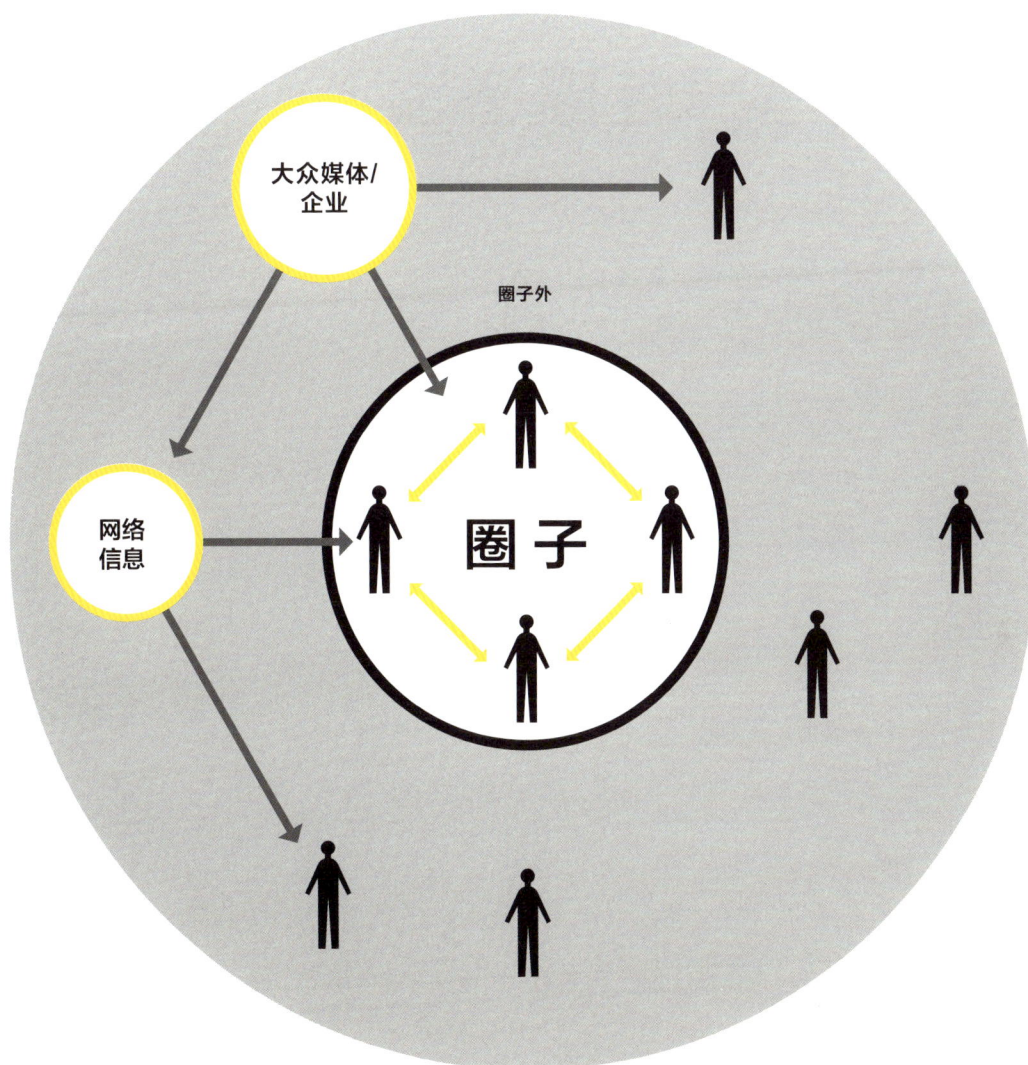

大众媒体/
企业

圈子外

网络
信息

圈 子

信息传递工具的进化，催生了各种多样化的浅交型"轻圈子"。

传统的圈子是基于地缘、血缘等"强纽带"建立起来的，范围较为狭窄，信息的交流频率较低，内容也有所限制。

但近年来，随着社交媒体的登场，以及智能手机等信息传递工具的普及，各种各样的新型"圈子"应运而生。

例如：

·偶然认识的、拥有相同兴趣爱好的人所组成的"圈子"。

·学生时代的朋友，久别重逢的同学会"圈子"。

·前同事及其朋友，或同行业的人所组成的"圈子"等等。

如果是在以前，即便是有相识和重逢的机会，也很难长时间地维持相互间的关系。而信息传递工具的进化解决了这个问题，使得各种浅交型新"轻圈子"的诞生成为了可能。

从另一方面来说，也许正是这种交情较浅的朋友，才有可能带来一些意想不到的新鲜信息吧。

以共同的兴趣或生活环境为契机而建立起来的，多样化的浅交型"轻圈子"

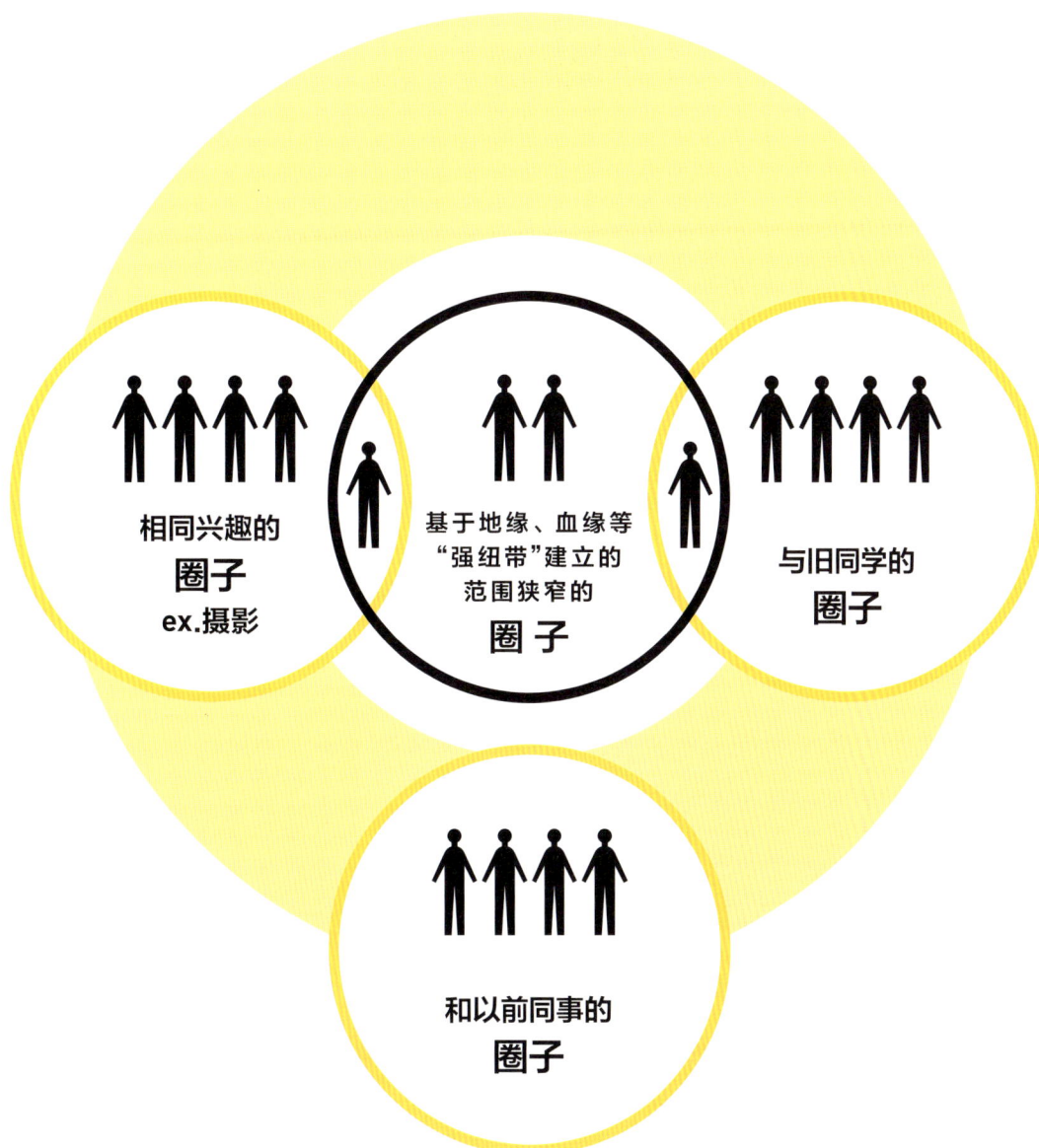

相同兴趣的
圈子
ex.摄影

基于地缘、血缘等
"强纽带"建立的
范围狭窄的
圈 子

与旧同学的
圈子

和以前同事的
圈子

信息收发频率加快，
信息流通量增多。

社交媒体的登场以及智能手机等信息传递工具的普及与进步，使得生活者能接触到的各类信息都得到了大幅度增加。为了更有效地获取值得信赖且有价值的信息，生活者倾向于通过"圈子"来收集信息，这就自然而然地使得"圈子"内的交流活跃了起来。

而另一方面，信息传递工具的普及与进步，也带动了"圈子"本身的变化。

除了以"缘"为基础建立起来的传统圈子以外，以共同兴趣或生活环境为纽带的浅交型"轻圈子"也多了起来。

浅交型"轻圈子"的多元化增长，进一步加快了生活者收发信息的频率，同时也带动了信息流通量的增加。同时，软硬件的齐头并进则带来了信息分享方式的简便化，这在一定程度上也促进了生活者信息收发频率和数量上的提升。

社交媒体、智能手机等
信息技术工具的普及与发展

↓

在可信度高的圈子中，
信息收发行为
呈活跃状态。

&

各种各样的
浅交型"轻圈子"
出现并不断增多。

↓

在中国生活者的"圈子"内，
信息收发频率加快，信息流通量增加。

中国特有的
信息传播群体

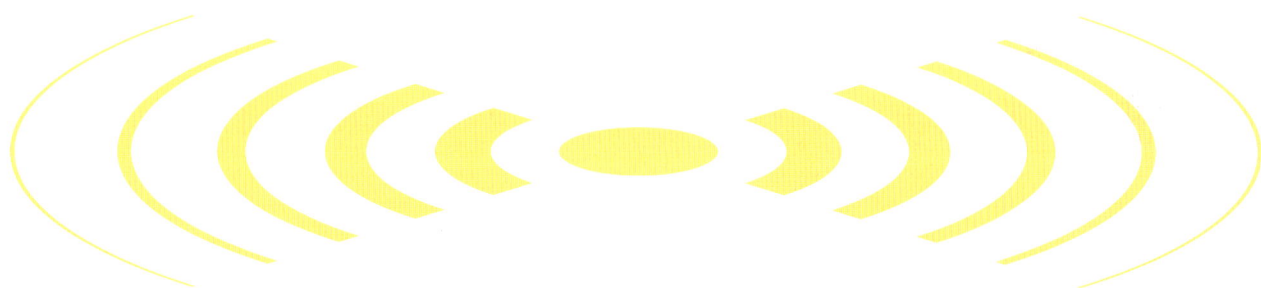

相对于日本和美国，
在中国，
有更多的人在频繁地
分享信息。

就"新产品·新服务"信息的收发频率而言，各国之间差异显著。

如果将"每周2次以上接收并发送新产品·新服务信息的人"定义为"高频率发送者/接收者"的话，就会发现，"高频率发送者"所占比例，在日本是11%，美国为48%，而中国则高达64%。另一方面，"高频率接收者"的比例，在日本占到了41%，美国为68%，中国则为67%。美国与中国基本持平，而日本相对较低。

这里我们想强调的是，问题中所提及的"信息"这一概念，只是指新产品·新服务的相关信息，但即便如此，在中国还是有那么多人在日常生活中向朋友分享着此类特定信息。这一结果对于日本人来说，可能是相当出乎意料的。反之，日本的生活者并不是那么热衷于分享"新产品·新服务"信息这一点，或许也会让中国的生活者感到吃惊吧。

信息发送频率

Q. 您分享新产品·新服务相关信息给他人的频率是？

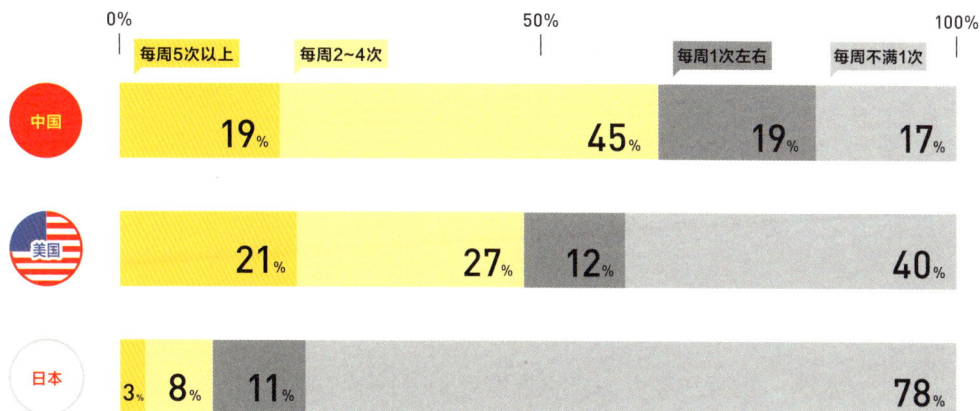

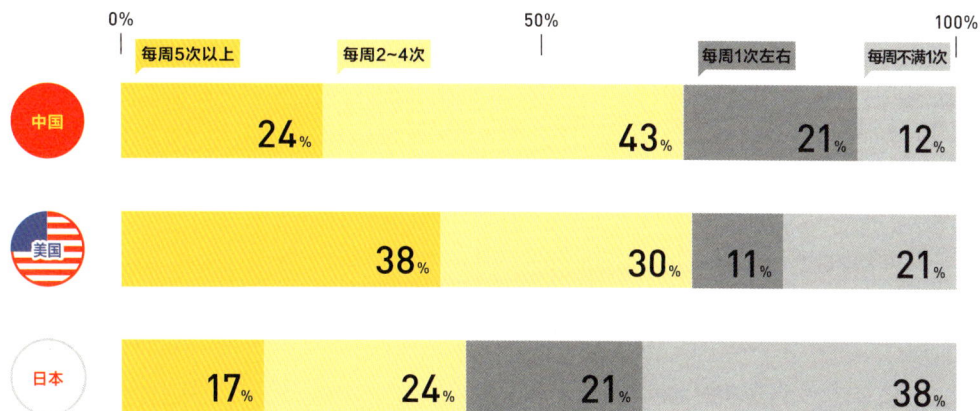

	0%		50%		100%
	每周5次以上	每周2~4次		每周1次左右	每周不满1次

中国 19% 45% 19% 17%

美国 21% 27% 12% 40%

日本 3% 8% 11% 78%

信息接收频率

Q. 您平时看到、听到、或主动寻找新产品·新服务相关信息的频率是？

	0%		50%		100%
	每周5次以上	每周2~4次		每周1次左右	每周不满1次

中国 24% 43% 21% 12%

美国 38% 30% 11% 21%

日本 17% 24% 21% 38%

出处：中国[Digital life生活者调查]；美·日[中·日·美信息传播调查]

在中国，
"每周2次以上收发新产品·
新服务信息的人"
超过网民总人口的半数。

将前一页"新产品·新服务"信息的发送频率和接收频率结合起来看的话，可以得出如右图所示的结果。

以"每周2次以上"为标准进行划分的话，"每周2次以上收发信息"的"高频率收发者"，在中国占到了55%左右。

而相比之下，此类人群在美国占比仅为44%，日本则更低，只有10%左右。

另一方面，日本的"低频率收发者"占比却高达六成之多。

由此可见，信息技术的发达，并不总是能代表"新产品·新服务"信息交流活动的活跃程度。在这个方面，日本就是很好的一个例子。

中国

新信息的发送频率

每周两次以上　　　　　　　　　　　　　　每周两次不到

新信息的
接收频率

每周
两次
以上

55%

12%

每周
两次
不到

9%

24%

美国

44% **25**%

4% **27**%

日本

10% **30**%

1% **59**%

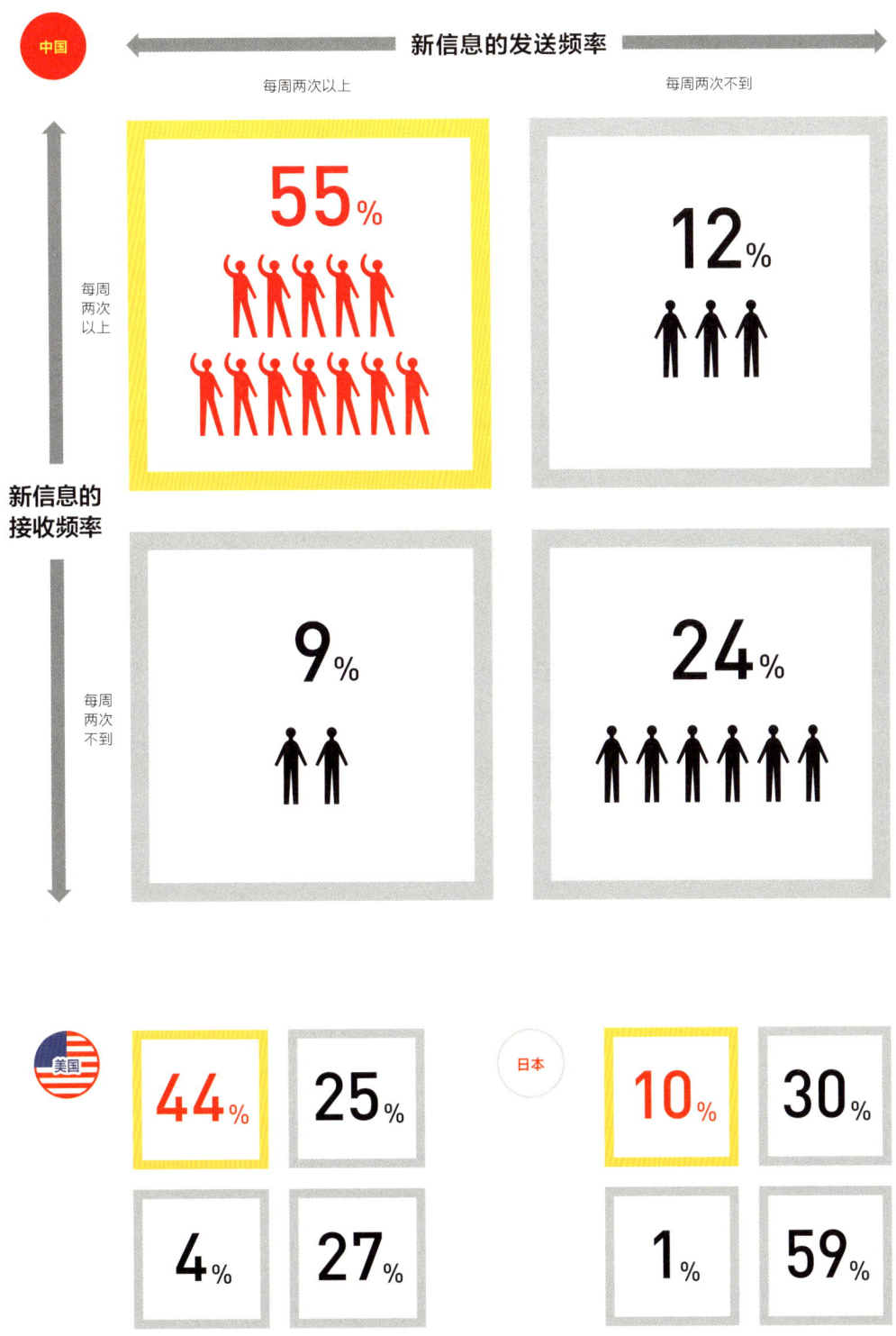

出处：中国[Digital life生活者调查]；美·日[中·日·美信息传播调查]

"高频率收发者"
均匀分布于各属性群体。

这类占整体55%左右的"高频率收发者"，他们的具体属性又是怎么样的呢？

是80后、90后的网络原住民吗？他们的收入到底是偏高还是偏低呢？

调查结果大大出乎我们的预料。

从性别看，男女占比几乎各半。按年龄分，各年龄层的占比并无太大差异。再从家庭收入来看，也并未显示出显著的差异特征。

这样的结果，到底意味着什么呢？

基本属性构成

性 别

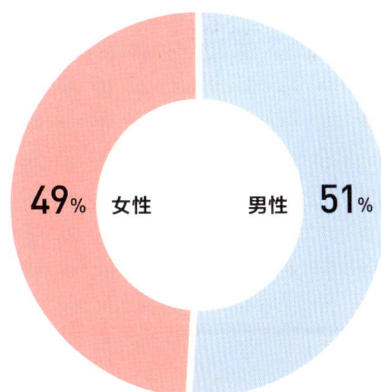

女性 49%　男性 51%

年 龄

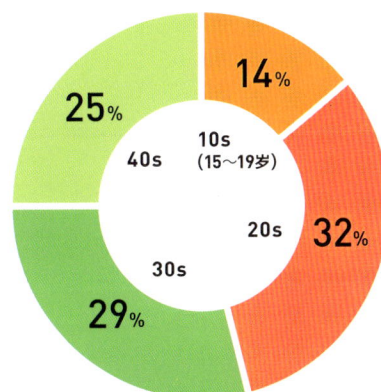

10s（15～19岁）14%
20s 32%
30s 29%
40s 25%

家庭月收

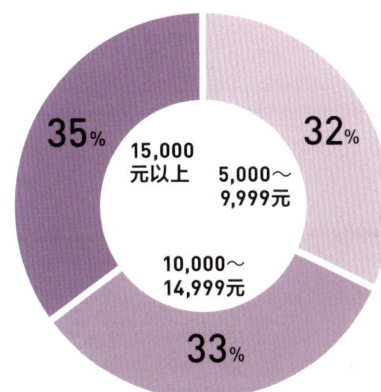

15,000元以上 35%
5,000～9,999元 32%
10,000～14,999元 33%

出处：[Digital life生活者调查]

"高频率收发者"
遍布于社会各阶层各角落。

根据调研结果，"高频率收发者"的特征可以归纳为以下两点：

第一，并非少数特定的人群，而是约有一半以上的生活者，都在积极地收发"新产品·新服务"信息。

第二，并非集中于年轻人或高收入人群等特定属性的群体中，而是呈均匀分布状态。

也就是说，他们遍布在社会的各阶层各角落。

从这个意义上来说，"高频率收发者"不同于以往的"早期使用者"（Early Adopter）或"意见领袖"（Opinion Leader）等特殊人群，而是更接近于"生活者的主流人群"这一概念。

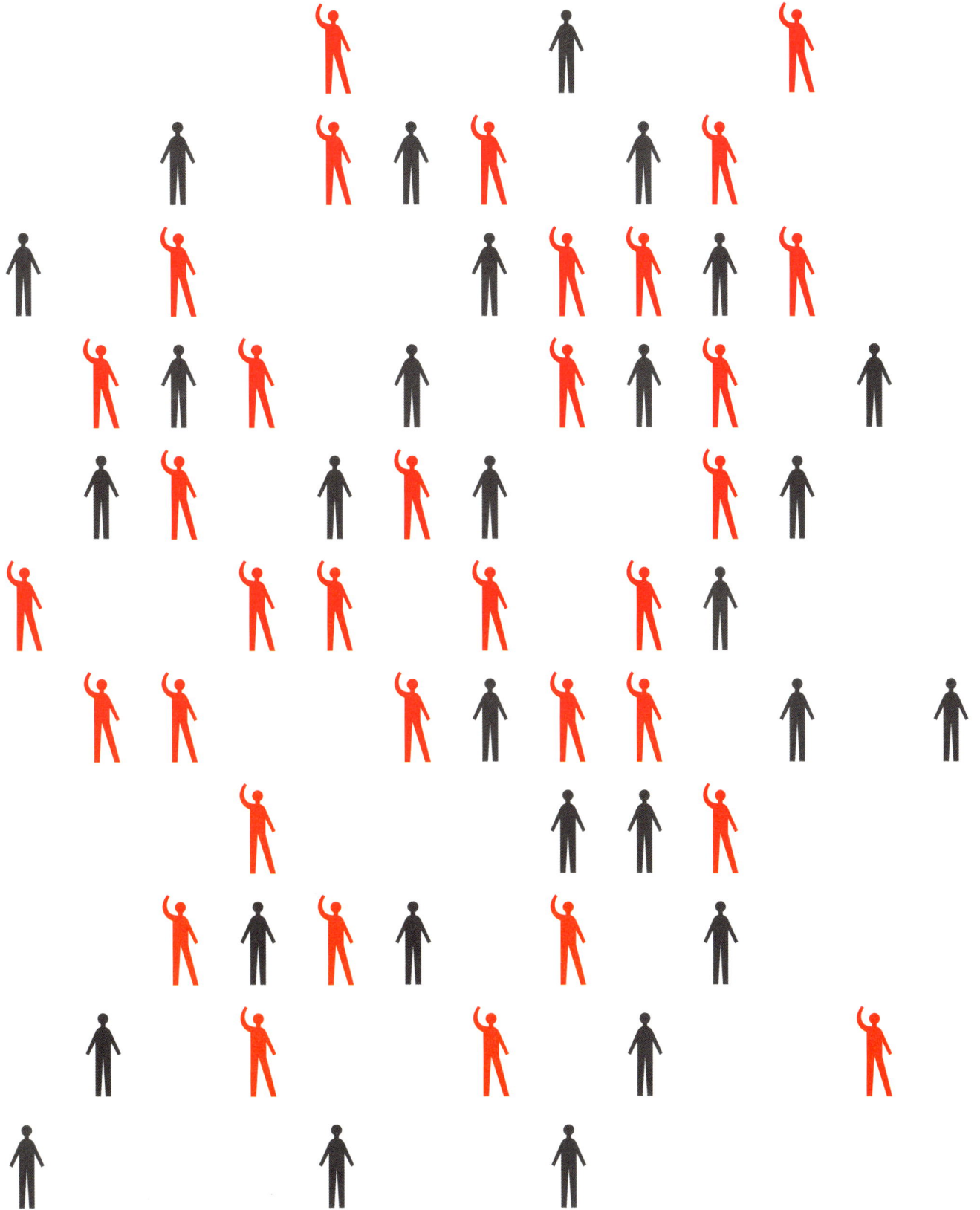

先于他人接收，
并且积极主动扩散
“新信息”。

为了把握“高频率收发者”积极收发“新产品·新服务”信息行为背后的本质原因，我们询问了以下两个问题。

首先，当被问及“请问您是否希望比他人更早了解到新产品·新服务信息？”这一问题时，回答“YES”的人有近八成之多。也就是说，大部分人都“希望比他人更早得到新信息”。从这个意义上来说，“比他人更快”是信息价值的重要体现之一。

其次，是“相比之下，您是属于新产品·新服务信息的被动接收方呢，还是主动发送方？”这一问题。一般来说，“新信息”的分享行为，不会局限于某个单一对象，而是会以复数人群为目标。照此思考的话，结果应该是“被动接收方”更多才对。但调查结果却显示，有一半以上的人属于“主动发送方”。就此我们可以推测，他们似乎在潜意识中将自己视作了他人的“信息源”。

信息收发意识

Q. "请问您是否希望比他人
更早了解到新产品·新服务信息？"

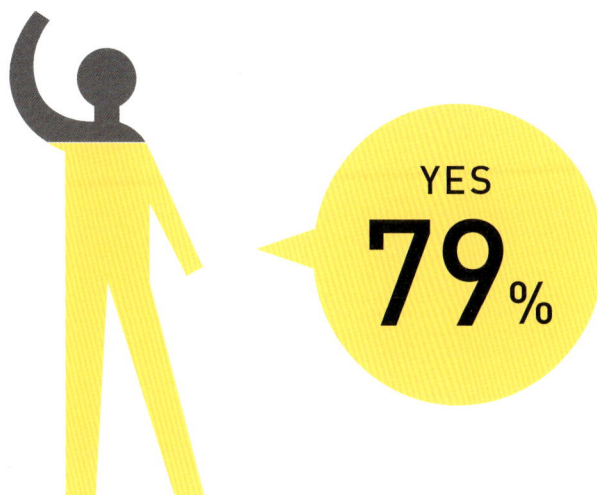

YES
79%

Q. "就新产品·新服务信息的接收而言，通常您是从朋友那里获取的多
（被动接收方），还是主动分享给别人的多（主动发送方）？"

被动接收方
46%

主动发送方
54%

出处：[Digital life生活者调查]

人们在不断地
寻找信息的同时，
也在为"圈子"收集信息。

正如前一章所介绍的，"高频率收发者"通过将其所有信息分享到各个"圈子"这一行为，来实现"圈子内利益共享"的目标。我们认为，这就是现代中国信息传播的特征。

着眼于这一点，重新认识一下这个"信息传播者"的话，不难得到如右图所示的结果。我们可以看到，众多的"信息传播者"正从圈子外的电视、报纸、杂志、网络、实体店、朋友或熟人的口碑等各类信息媒介中搜寻有价值的信息，并将其带回"圈子"内分享。形形色色的圈子，发挥着犹如生活者"巢穴"一样的功能，众多的"信息传播者"则为了充实"巢穴"内的生活，源源不断地从圈子外部带回有价值的信息。

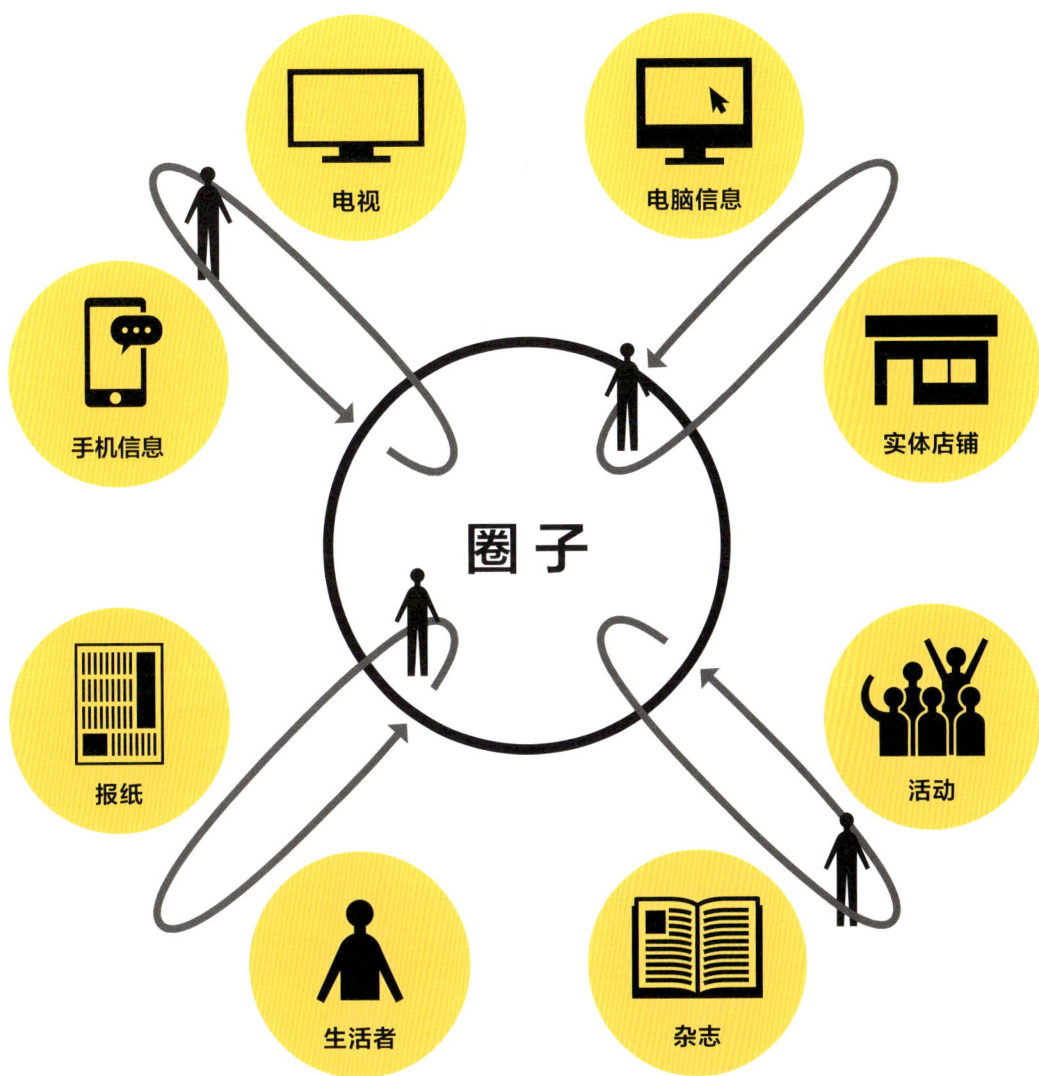

电视

电脑信息

实体店铺

手机信息

圈子

活动

报纸

生活者

杂志

我们将这类中国特有的信息传播者定义为：

"信蜂"（英语："infoBee"）

如果将信息比作"花蜜"，将圈子比作"蜂巢"的话，不断进行信息采集和分享的"高频率收发者"就如同蜜蜂一样。在此基础上，结合拥有"信息"含义的"信"一字，我们将其命名为"信蜂"（infoBee），寓意"搬运信息的蜜蜂"。

他们是"争先恐后地为获取新信息而奔波忙碌，并积极地将信息分享到圈内，从而实现利益共享的众多生活者"。

当然，像这样"为了自己的朋友，尽快地找到新信息并将之分享"的行为，无论在哪个国家都是很普遍的，也不是最近才有的新现象。

但是，这种并无特定的属性特征，且遍布于全国各阶层各角落的"信蜂"，在规模上居然占到了半数之多。或许，这也是中国信息传播领域所特有的一个现象吧。

信蜂

社交媒体遇见"圈子"，
"信蜂"就此诞生。

在进入"信蜂"行为及其欲求的具体分析之前，让我们把"信蜂"的诞生过程再梳理一遍吧。

背景之一是，"社交媒体的渗透"，推动人们更积极地去分享信息。这是一种全球性的普遍现象，中国自然也不例外。

当"社交媒体的渗透"与中国特有的"圈子"文化相结合时，圈子内的信息交流呈现出更具活力的状态。与此同时，以共同的兴趣或社会背景为契机而形成的浅交型"轻圈子"也在不断地增加。

这两者相互作用的结果，使得生活者之间信息交流的频率和数量都得到了极大的增加，"信蜂"也因此诞生。

将这一过程用方程式来表达的话，就是：
【社交媒体 ×"圈子"="信蜂"(infoBee)】。

社交媒体
（全球趋势）

meets

"圈子"
（中国特色）

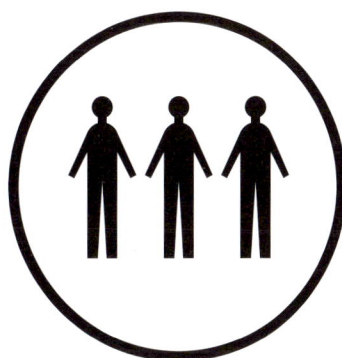

infoBee
信蜂

2

"信蜂"的
行为与欲求

"信蜂"
行为的考察

我们将研究员在日常生活中的所见所想,

以及从"信息传播者家庭访问调查"(调查对象包括1~3线城市7地28名"信蜂")中

所得结果进行综合分析,

将"信蜂"的具体行为用三个关键词作了概括。

1.相濡以墨

3.各领风骚

2. 秀外惠中

"每天的清晨和傍晚，都会通过微信向朋友定时发送天气预报。"（上海、50多岁男性）

　　这位男士，在每天的清晨和傍晚，都会通过微信向朋友发送天气预报。要知道，在智能手机几乎人手一部的今天，基本上每个人都会在手机上安装天气预报软件。这个分享到底起着多大作用，我们无从得知。不过，可以肯定的是，这个行为俨然已经成为了他的一种习惯。而对于信息的接收方来说，查看他所发送的天气预报也似乎成为了每天生活的一部分。

"有一次孩子突然发高烧，我就在朋友圈中写了一下。结果，虽然是凌晨4点，还是收到了10多条或安慰或给建议的评论。"（上海、30多岁女性）

　　对于凌晨4点还能收到这么多及时回复的事，她本人一方面觉得是意料之外，另一方面又觉得似乎是在情理之中。"因为及时回复的人也都是母亲，同样有过孩子突然发烧的经历，所以自然很能理解一个做母亲的心情。"

"有一次我去某个热门的餐厅吃饭时随手发了条微信，马上就有个朋友给我推荐了几道菜，我就照单全点了。接下来，我们就围绕这个餐厅展开了热烈的双边交流。"（北京、20多岁男性）

　　这位年轻人在去某个新开的人气餐厅吃饭时，几乎在微信上做了全程直播。不管是等位的时候还是用餐的时候，都和朋友聊得不亦乐乎，连点菜都是"凡是朋友推荐照单全收"。或许，他这样做是因为在他的潜意识里很重视朋友交情的缘故吧。

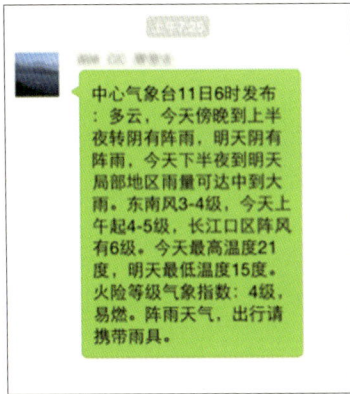
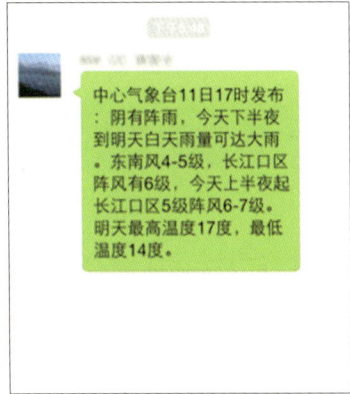

出处：[信息传播者家庭访问调查]

巩固自己
与"圈子"之间的关系，
建立一个适合大家
共同生存的舒适空间。

我们试着解析了一下上述三个行为，结果似乎可以得出一个结论：在被访者的脑海中，存在着"想通过和朋友体验同一事物，或拥有共同的话题，来增进彼此之间的关系"这样一种意识。

我们将这种意识视作"信蜂"行为的第一个关键词，称之为"相濡以墨"。

"相濡以沫"这一成语，其含义本为"泉水干了，为了保住生命，两条鱼互相吐沫互相润湿"。"信蜂"的行为特征，就如同这两条小鱼，通过互相吐"墨"的方式来帮助对方（这里舍"沫"而取"墨"的理由是，"墨"字可以代表信息），从而"巩固自己与圈子之间的关系，建立一个适合大家共同生存的舒适空间"。

ENGAGEMENT

相濡以墨

"在国外旅游时，为了上Wi-Fi问问朋友
是否需要顺带买某个商品，结果足足走了大半个钟头。"
（广州、20多岁男性）

这个年轻人，因为在旅游时发现了国内买不到的鞋子，就想要通过微信问问朋友是否需要顺带购买，结果足足花了大半个钟头去四处寻找可以连接Wi-Fi的地方。当然，在旅游时给朋友大量购买当地土特产作为礼物这件事情本身并不稀奇，但是特意花30多分钟的时间去寻找可以连接Wi-Fi的地方这一点，还是相当新鲜有趣的。

"我经常会在做完详尽的调查后，
把自己买的日用品相关情报整理出来并分享给朋友。"
（上海、20多岁女性）

这位被访者的微信朋友圈记录让人眼前一亮。在右边的图片中，左侧是关于创可贴的工作原理及其性能的说明，右侧是关于某品牌菜刀的使用顺手度等说明。看来她很热衷于在网络上收集自己所购日用品的相关信息，如性能等，并结合自己的使用感想整理后分享给朋友。

"我总是能先人一步地把新信息带给圈子里的朋友们。"
（北京、20多岁女性）

这位北京女士，似乎非常习惯于跟朋友分享新信息，比如说新的蛋糕店开张信息、便宜的海外旅行套餐信息、杂志上看到的电子产品发售信息等等。即便是自己不感兴趣的信息，只要觉得周围朋友有可能会感兴趣的话，就会积极地去投稿分享。这位被访者说，如果能将上述信息"比其他人都更快地分享到圈子里的话，自己就能成为朋友心目中靠谱的人"。

Wi-Fi?
Wi-Fi?

●●●●● 中国电信 📶 11:26 ⚙ 🔋 86% ■
发现　　朋友圈　　📷

忍不住再一次出来赞美一番这款创可贴（我说我不是托你信吗？反正我是信了😌）查了一下原来这款创可贴用的是一种叫"湿润疗法"的原理。是让伤口处于一种封闭且湿润的状态。这和我们一般传统概念要让伤口保持干燥尽量接触空气不同。比起后者，前者不容易让外部细菌侵入以至破坏再生组织，在低氧环境加速细胞繁殖和组织重组，伤口自然就好的快了👍家里要是有皮大王或者小公主，这个绝对是必备品啊！

收起

5天前

♡ Sherryl ee

●●●●● 中国电信 📶 11:28 ⚙ 🔋 86% ■
发现　　朋友圈　　📷

入手了真正意义上的第一把厨刀🔪到手那一刻立马做起了实验。结果表明它的切割性能相当👍舒适的握感，轻松的切割，漂亮的切面，内心爽到在咆哮😄当然了拿一把非专业厨刀且服役快三年的铁皮（虽然前天刚拿去打磨过）做比较有失公正，还是应该说完全无可比性比较好呢😄Anyway，以后做菜更多了一份乐趣😄然后下一步我觉得应该去物色一块像样的砧板🌿最后附上大根君现状😊今夜做梦也会笑啊😄灭哈哈哈哈哈哈哈哈哈

收起

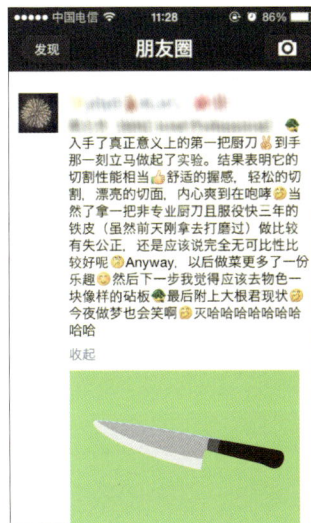

※为保护隐私起见，文中涉及品牌名、人名等具体内容均做模糊处理。

出处：[信息传播者家庭访问调查]

为获取"圈子"内朋友的感谢和信赖，向"圈子"提供有价值的信息。

上述这些行为，基本上可以理解为同一意识的产物，即：被访者想要通过分享自己所持有的信息，来表明自我信息价值，从而获得朋友的信赖。

我们将这一层意识同样总结为一个关键词："秀外惠中"。

汉语里原本就有"秀外慧中"一词，意思比较接近成语"才色兼备"。这里，我们将寓意聪明的"慧"字换成了相同读音的"惠"字，以此来强调出"奉献"的意思。

也就是说，这个行为可以理解成"为获取圈子内朋友的感谢和信赖，向圈子提供有价值的信息"。

CONTRIBUTION

秀外惠中

"即使是同一个新开的店，我也会去2次甚至3次，
因为每次可以跟不同的朋友一起去。"（广州、20多岁女性）

　　据这位被访者自己说，只要是她自己觉得好的餐厅，必定会带不同的朋友去好几次。究其原因，并不是因为"想要多吃几次"，而是因为"想要让更多的朋友，也能体验到自己曾经体验过的"。我们从中感受到，她拥有一种"想要引领朋友的生活"的意识。

"我会经常把自己在不同地方练瑜伽的照片分享给朋友，
顺便给她们推荐一下瑜伽。"（上海、30多岁女性）

　　这位女士的兴趣是瑜伽。她希望通过分享自己在不同场所练瑜伽的照片，来向朋友推荐瑜伽。比如说，右边一张是她在风景秀丽的黄山上练瑜伽时的照片。除此以外，她还有一些边工作边练瑜伽的有趣照片。看来，这位女士为了在朋友圈中推广瑜伽，真可谓是不遗余力啊。

"如果就服装、家居装饰方面来说的话，
我的意见经常会被周围朋友参考或转载。"（合肥、20多岁女性）

　　这位女士似乎在选择服装和家居装饰品方面颇有天分，因此经常会有朋友向她咨询一些相关信息，她发表的言论也会经常被周围朋友转载。关于这件事，据她本人说："当自己率先完成一项体验之后，如果周围有人认同并且愿意做相同尝试的话，就会感到很开心。"这种心理似乎可以概括为一种"想要带领周围人一起，体验更美好生活"的意识。

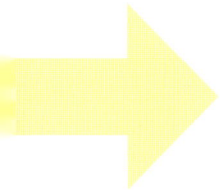

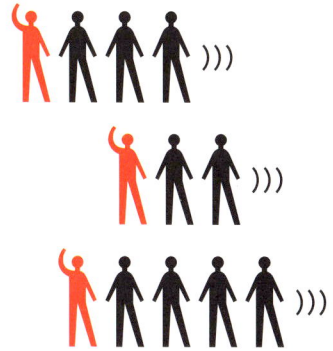

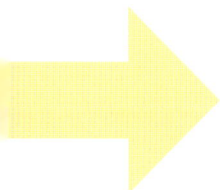

出处：[信息传播者家庭访问调查]

通过自己的率先体验和分享，为"圈子"带来更为精彩的生活方式。

上述这些例子，其实都是通过向周围介绍自己的兴趣爱好或特长等信息，进而邀请朋友一起体验，或者友情提供有用资讯的一种贡献行为。

若要论及这些行为背后所隐藏的心理动机的话，与其说是一种想要引人注目的自我本位式想法，不如说是一种"希望影响周围朋友，一起享受更美好生活"的带有贡献意味的"圈子本位"式意识。

我们将之命名为关键词："各领风骚"。

在汉语中，这个词原本的意思是"各有各的风采，在各自的领域里分别持有一定的影响力"。这里，我们将其引申解释为"通过自己的率先体验和分享，为圈子带来更为精彩的生活方式"的意思。

LEADERSHIP

各领风骚

上述三个关键词，都是用来表示个人和"圈子"之间关系的词语。

世界上的其他国家，大概不会像中国一样，如此重视"自己周围的他人"吧。

举例来说，在自己好不容易将各类信息整理清楚之后，如果想要对外发布的话，一般会选择投稿给博客等开放式的言论场所，以此来建立广泛的社会关系。又或者说，可以与特定的几个朋友进行一对一的交流，以此来加强彼此间的信赖，最终构建起一种互帮互助的关系。而相比之下，选择以团体为单位来"构建关系"、"互相帮助"、"共同成长"等意识行为，却不是那么常见。

从这个意义上来说，如前所述，中国特有的"圈子"文化在涉及"新产品·新服务"信息的收发领域时，亦有着相当强大的影响力。

1. 相濡以墨

**巩固自己与"圈子"之间的关系，
建立一个适合大家共同生存的舒适空间。**

2. 秀外惠中

**为获取"圈子"内朋友的感谢和信赖，
向"圈子"提供有价值的信息。**

3. 各领风骚

**通过自己的率先体验和分享，
为"圈子"带来更为精彩的生活方式。**

社会背景的考察

人际关系日趋淡薄。

"信蜂"的所有行为都指向于个体与"圈子"之间的关系强化。那么，为什么这些行为迹象会日益显著呢？

我们将这个问题的切入点，首先放在了人际关系淡薄化这一现象上。

[博报堂Global HABIT] 的调查结果显示，"拥有仅在网络上交流，没有在现实中见过面的朋友"的人呈逐年增长趋势。而与此同时，在人际交往中"比起深度交往，更倾向于泛泛之交"的人也在逐年增长。

在我们实施的另一项调查※ 中则得到过另一个有趣的数字，每位被访者平均拥有70名左右的微信朋友。而事实上，与所有这些人都保持一种深度交往，看起来简直是不太可能的一件事。

简单地说就是，虽然通过网络可以更为简便地结交到新朋友，但是另一方面，人与人之间的交往，似乎也更容易流于表面了。

※［Digital life生活者调查］

回答"拥有仅在网络上交流，没有在现实中见过面的朋友"的人所占比例

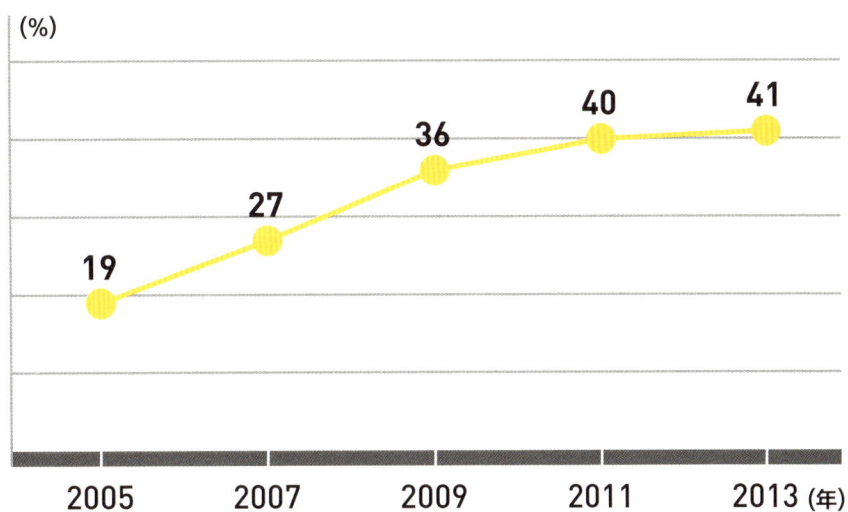

(%)

年	比例
2005	19
2007	27
2009	36
2011	40
2013	41

回答"比起深度交往，更倾向于泛泛之交"的人所占比例

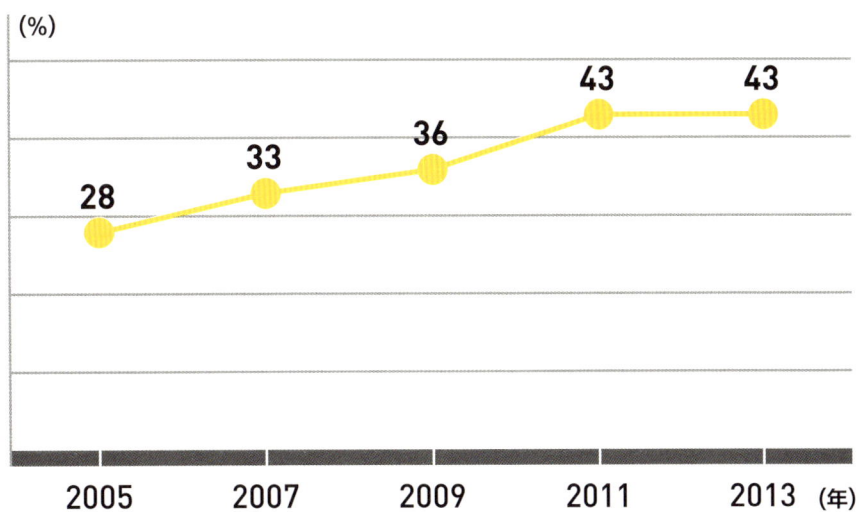

(%)

年	比例
2005	28
2007	33
2009	36
2011	43
2013	43

出处：[博报堂Global HABIT]

人际关系淡薄化的主要原因：

"城市间人口移动的增加"
以及"通讯工具的日渐发达"。

人际关系日趋淡薄的原因之一是"城市间人口移动的增加"。

近年来，由于升学、换工作等原因，居所变迁相较以前有了压倒性的增长。以前的朋友则多被分散到了全国各地，物理上的空间距离使得大家在现实中见面的机会变少了。

此外，不同城市间居所的频繁变迁，在客观上将不同籍贯、不同出身、不同社会背景的人都聚集在了一起。这就使得，就算人们每天都见面，也不大容易敞开心扉说出真心话，更多的交往则更接近于"一边衡量彼此间的距离，一边筛选谈话内容"的一种模式。

另一方面，交流方式的简便化，使得人们随时联系他人变为可能。交流对象的人数，以及交流内容都随之得到了相应程度的增长。但是与此同时，止于谈论共同兴趣爱好话题的朋友，或是只在群里交流而从不一对一聊天的"泛泛之交"式朋友也在同步增多。因此，总体上看来，即使是朋友之间，人际关系似乎也在不可避免地走向淡薄。

2002年与2012年的
三大都市常住人口增加率对比

（户籍人口：外来人口）

```
200% ─
          170%
150% ─                    152%
100% ─
                                              75%
 50% ─
      14%            7%            14%
  0% ─
      北 京          上 海          广 州
```

■ 户籍人口
■ 外来人口

通讯工具的发展

即时聊天型
通讯工具
（微信等）

微博
（新浪微博·腾讯微博·网易微博等）

博客
（新浪博客·搜狐博客·腾讯博客等）

2005年   2009年   2011年

出处：三大都市人口数据引用各城市统计年鉴数据（2002年，2012年）

人际关系淡薄化的反面是，对于“圈子归属感”的追求日趋强烈。

生活者在享受人际关系淡薄化所带来的舒适感的同时，也深切感受到一种不安。正是这种不安，驱动着人们去追求一种“圈子归属感”。

现在似乎有很多生活者“不想一个人吃饭”。随着人际关系的日趋淡薄，类似这种“每个人不得不独自面对生活”的几率相较以前也大大增加了。一方面孤独感带来寂寞的情绪，一方面人们在察觉到自己的孤独状态时则容易感到不安。从前，人们的安全感可以经由基于“地缘”或“职缘”等强力纽带关系的“圈子”取得，而现在，由于城市间人口移动的增加以及通讯工具的日渐发达，这种安全感被大幅度地削减了。结果就是，人们对于“圈子归属感”的心理需求似乎越来越强烈了。

城市间人口
移动的增加

通讯工具的
日渐发达

人际关系
日趋淡薄

对于
"圈子归属感"
的追求
日趋强烈

追求各种不同的
生活体验。

在"信蜂"的诸多行为之中，如果我们选择着眼于"通过自己的率先体验和分享，为圈子带来更为精彩的生活方式"这一"各领风骚"行为的话，就不难发现，促成这个行为的原因并不只是为了强化自己与圈子之间的关系，还有另一层原因在于"渴望创造更美好生活方式"这一想法。

根据我们的调查数据，在中国，"想要体验各种不同的生活"的人占到了整体的九成以上，并且，回答"这个想法比以前更为强烈"的人所占比例超过了整体的三成。这两个数据都要明显高于我们在日本的调查结果。由此可见，在生活日益富裕的今天，中国的生活者不只是单纯地想要提高生活水平的"高度"，还拥有想要拓宽生活方式的"宽度"这一想法。

体验各种不同生活的欲求

Q. 您是否想要拥有或体验各种新鲜事物？

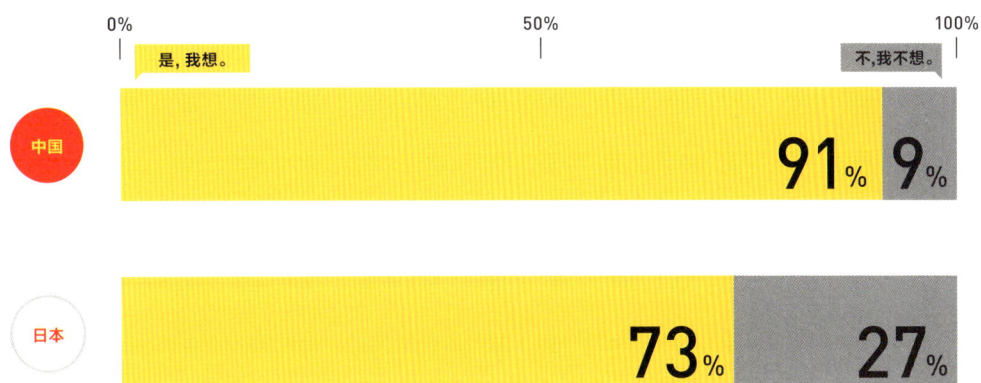

0%	50%	100%

是，我想。 / **不，我不想。**

中国 **91%** **9%**

日本 **73%** **27%**

体验各种不同生活的欲求的变化

Q. 相比以前，您想要拥有或体验各种新鲜事物的欲望更强烈了吗？

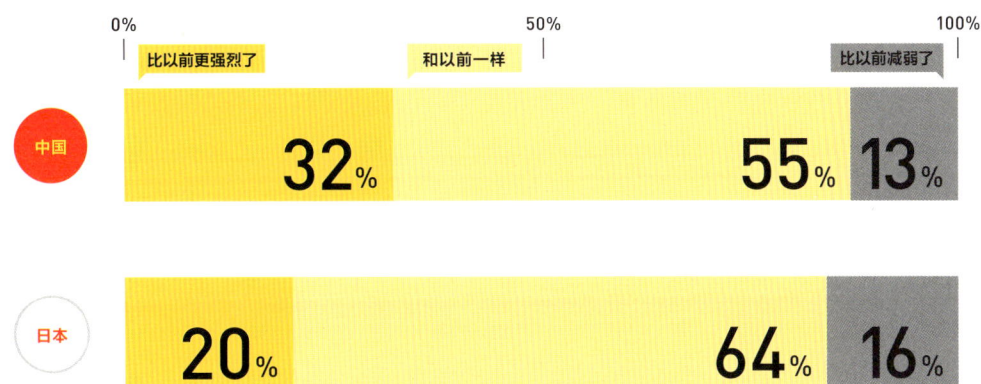

0%	50%	100%

比以前更强烈了 / **和以前一样** / **比以前减弱了**

中国 **32%** **55%** **13%**

日本 **20%** **64%** **16%**

追求各种不同生活体验的主要原因：

"物质生活选择面的扩大" 以及"信息量的激增"。

如果我们仔细观察一下最近五年或十年间的衣食住行等物质生活的变化，就会发现，除了"快速时尚"、"休闲下午茶"、"时髦的生活杂货店"等需要花钱才能体验到的享受方式以外，无需花钱就可体验的享受方式也在大大地增加。总而言之就是，包括衣食住行等各方面的物质生活选择面变得更为宽泛了，每个人都可以找到适合自己的选择，生活内容和享受方式都变得更加丰富多彩了。

另外，现在人们可以通过网络，很方便地就能获取到国内外的各种信息。特别是社交媒体得到普的当下，人们大可以选择通过参考接近自己生活水平的人的相关信息，来做出更适合自己的决定。

如上所述，"物质生活选择面的扩大"以及"信息量的激增"等变化，有效地激发了人们追求各种不同生活体验的心理需求。

衣食住行等各方面物质生活选择面扩大

	'00	'02	'04	'06	'08	'10	'12
$ 经济 人均GDP（美元）→	949		1,732			4,434	6,767
突破1万美元的城市个数→				0	7	21	65

众多都市的人均GDP突破1万美元

	ZARA 1号店	H&M 1号店	GAP 1号店	UNIQLO 全球旗舰店
衣生活				

众多Fast Fashion品牌登陆中国

食生活
咖啡店开始出现→ '99 Starbucks 1号店

Costa 1号店

红酒及咖啡普及

Starbucks 全国拥有1,500家店

红酒消费量（瓶）→ 6亿　　9亿　12亿

19亿（成为世界最大的红酒消费国）

85℃ Bakery Cafe 1号店

85℃ Bakery Cafe 上海地区达到168家店

面包店和英式下午茶流行

住生活
'98年IKEA（1号店）

MUJI 1号店

Francfranc 1号店

MUJI中国 突破100家店

杂货普及

休闲
出国旅行者数→ 1,213万人　　3,103万人　　　7,025万人　9,730万人

国外旅游热门路线→　　　　　　　　　日本　韩国

"新马泰" 东南亚

马尔代夫新婚旅行

境外旅游的普及

生活方式

杂志《LOHAS》创刊　"小清新"流行　"国学"潮

新生活方式诞生

信息量的激增

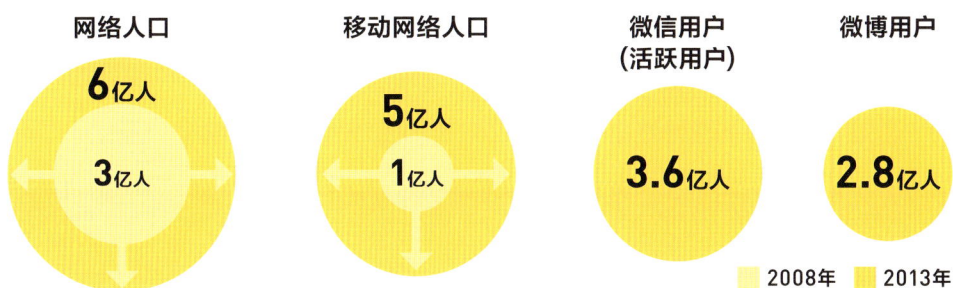

网络人口
6亿人
3亿人

移动网络人口
5亿人
1亿人

微信用户（活跃用户）
3.6亿人

微博用户
2.8亿人

　2008年　　2013年

出处：网络人口、移动网络人口、微博用户数据引用 CNNIC《中国互联网发表状况统计报告》（2009-2014年）；
微信用户数据引用《2014年3月腾讯业绩报告》。

追求各种不同生活体验的结果是，对于"圈子信息"的依赖度日益增加。

在"物质生活选择面的扩大"以及"信息量的激增"的双重影响下，生活者"追求各种不同生活体验"的心理需求日趋强烈。与此同时，另外一个难题也随之产生了，那就是：该如何在庞大的信息中筛选可信的信息，又或者说，该如何区分该信息是否适合自己、是否有助于改善自己生活这一难题。

在这样的情况下，生活者能借重的，大概也只有与自己价值观和生活水准都相近的"圈子"了。生活者通过在"圈子"中共享信息，使得筛选和判断信息的主体不再是某个个体，而是扩大到了涵盖整个圈子的一张大型"信息过滤网"。也正是从这个意义上来说，生活者对"圈子信息"的依赖度正在日益增加。

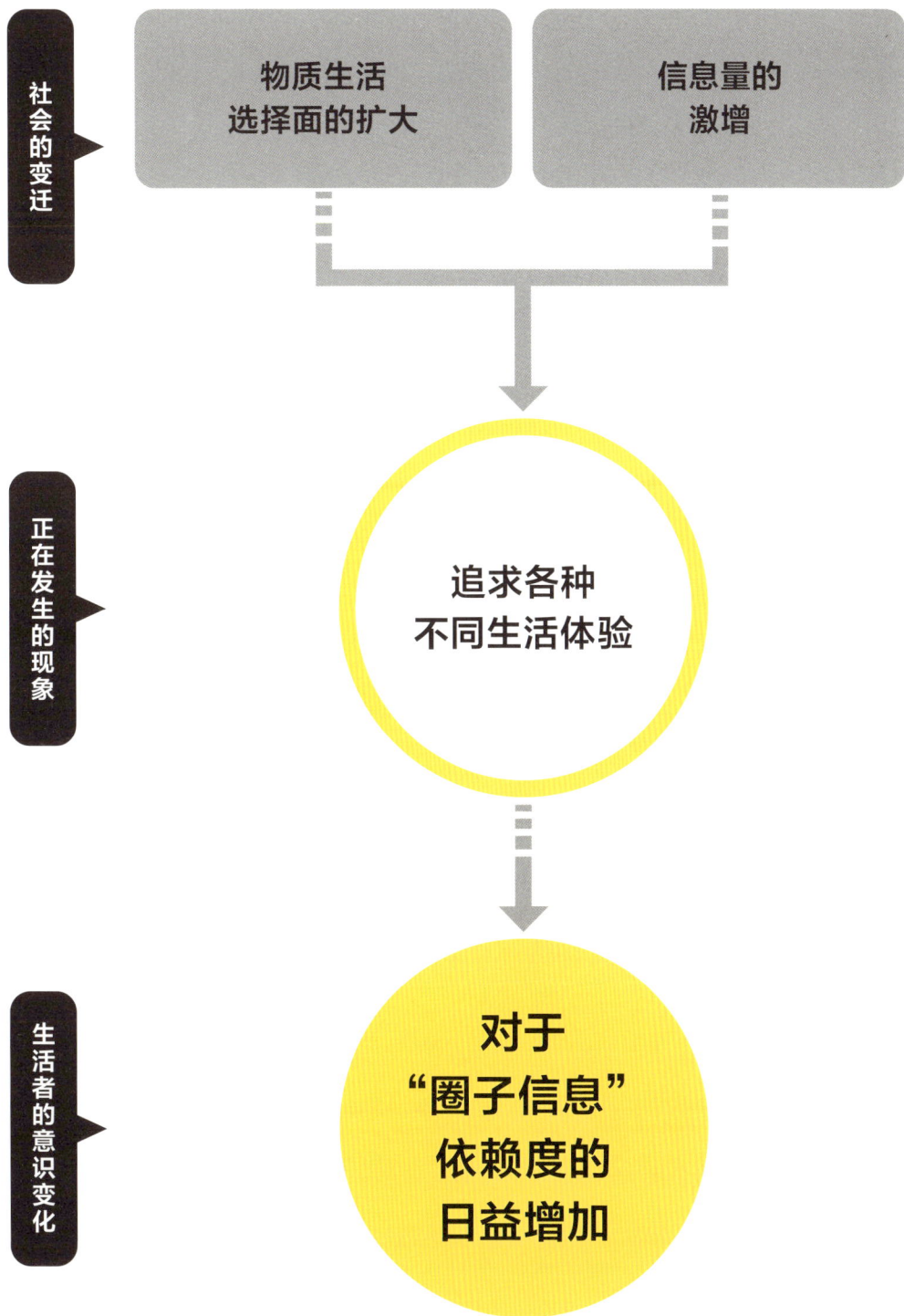

社会的变迁

物质生活
选择面的扩大

信息量的
激增

正在发生的现象

追求各种
不同生活体验

生活者的意识变化

对于
"圈子信息"
依赖度的
日益增加

在前面的章节，我们将"信蜂"的行为特征概括成了三个关键词："相濡以墨"＝加深联系、"秀外惠中"＝提供帮助、"各领风骚"＝领导他人。而这些表述个人与"圈子"关系的关键词背后，主要存在着以下两大社会背景：

一、对于"圈子归属感"的追求日趋强烈

"城市间人口移动的增加"，让人们与朋友之间产生了物理上的距离，从而使得人们不得不更多地开始了与关系并不密切的人的交流。而与此同时，"通讯工具的日渐发达"，使得属"泛泛之交"类型的朋友日益增多。综合起来的结果就是人与人之间的关系日趋淡薄，而人际关系的淡薄化又反过来带动了人们对于"圈子归属感"的追求。

二、对于"圈子信息"的依赖度日益增加

由于"物质生活选择面的扩大"，使得人们"追求各种不同生活体验"的意识得到了提升。另外，由于互联网特别是社交媒体的发展，人们可以获取的信息量变得非常庞大。受这两点影响，人们在"可以选择更多不同生活方式"的同时，又面临了"从规模庞大的信息中筛选出可信赖且有价值的信息"的困境。由此，人们"对圈子信息的依赖度"得到了增加。

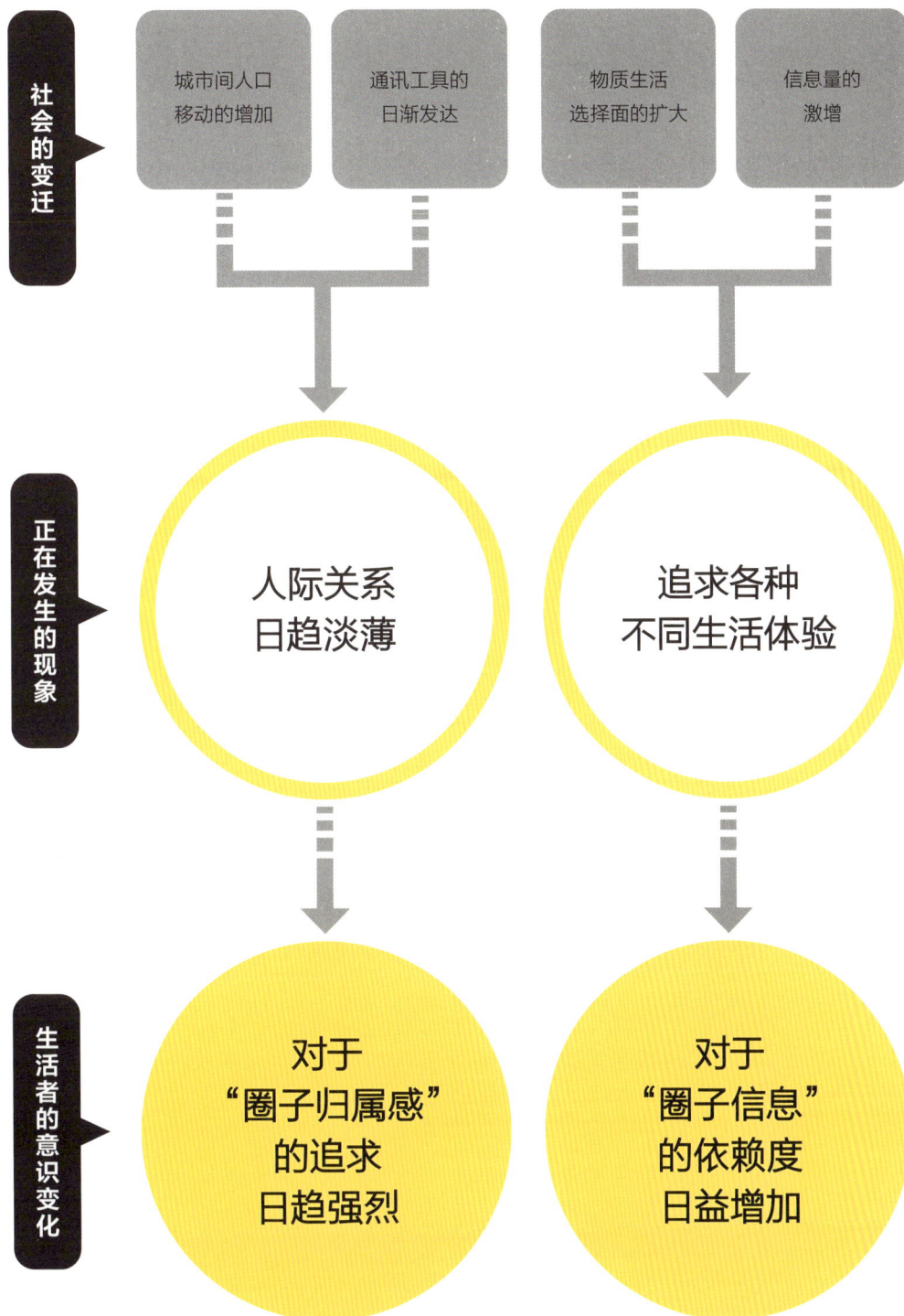

社会的变迁

- 城市间人口移动的增加
- 通讯工具的日渐发达
- 物质生活选择面的扩大
- 信息量的激增

正在发生的现象

- 人际关系日趋淡薄
- 追求各种不同生活体验

生活者的意识变化

- 对于"圈子归属感"的追求日趋强烈
- 对于"圈子信息"的依赖度日益增加

"信蜂"的欲求

"信蜂"的根本欲求

通过回顾之前的章节我们可以了解到，在信蜂 (infoBee)"想要增进与'圈子'的关系"、"想要为'圈子'做贡献"、"想要领导'圈子'"等行为的背后，无一不存在着"对于'圈子归属感'的追求"以及"对于'圈子信息'的依赖"这两种意识。

"对于'圈子归属感'的追求"意识之所以会上升，最开始是因为伴随着城市间人口移动的增加和通讯工具的日渐发达，人与人之间的关系正在变得越来越淡薄的缘故。身处这样的时代背景下，生活者开始对自己能否在社会中站稳脚跟感到不安，从而产生了希望藉"圈子"之力来确保自我存在感的欲求。

而生活者"对于'圈子信息'的依赖"程度的增加，也同样是人们在特定的社会背景影响下做出的自然反应的结果。社会的发展和生活水平的提高，使得人们在物质生活领域的选择面得到了极大的拓宽。一方面人们可以选择既有的不同生活享受方式，一方面又可以积极地开展创造活动以设计出适合自己的生活方式。

不过，与此同时，人们也开始对如何从庞大的信息中获取自己想要的信息感到迷茫。为了应对这一困境，生活者萌生了"通过与圈子合作来筛选得出更适合自己的信息，从而给生活增添色彩"这样一种欲求。

综上所述，我们认为，信蜂 (infoBee) 之所以会诞生，其根本原因在于，生活者拥有一种"通过与圈子的信息互动，来确保自我存在感，并藉此创造精彩生活"的深层心理欲求。

通过与"圈子"的信息互动，
来确保自我存在感，
并藉此创造更为精彩的生活。

3

"信蜂"带来的
社会现象

爆发式信息扩散。

"信蜂"行为的一个重要特点是多人传播，也就是说，同时会有很多人争先恐后地捕捉新信息并将之传达到圈子。这就使得，信息看起来很容易一下子就流传开来。这种信息快速传播的特点，在我们的"聊天式MROC调查"[1] 中也得到了充分证实。

2013年底我们实施了有关"流行/话题（包括新产品·新服务）"的调查。在调查中我们注意到，12月22日首发于微博的"马上有钱"[2] 一帖在短短数小时内便传遍了上海、北京的各被访对象小组，成为了一时的热门话题。

相关的话题帖子在微博上层出不穷，据"微博热词指数"统计显示，仅22日一天就汇集了约4,644个发言、转贴。这里只例举了微博的数据，估计通过微信传播的更是不在其下。也就是说，通过朋友间的相互传播，信息得以在全国范围内实现高速流通。

---

[1] "聊天式MROC调查"：运用微信等交流工具，开启聊天模式，以营造出生活者容易接受的会话环境，从而听取其心声的一种调查手法。
[2] "马上有钱"：马年的祝福语。汉语里的"马"不仅可以代指"马的上面"，更多的则用在日常会话中，表达"立刻、立即"的意思。"马上有钱"源于"马的上面有钱"，引申为"立刻变有钱人"之意。2014年为马年，因此在2013年底，该祝福语的温馨恶搞图片在全国范围内疯传一时。

"马上有钱"的流行 （2013年12月22日）

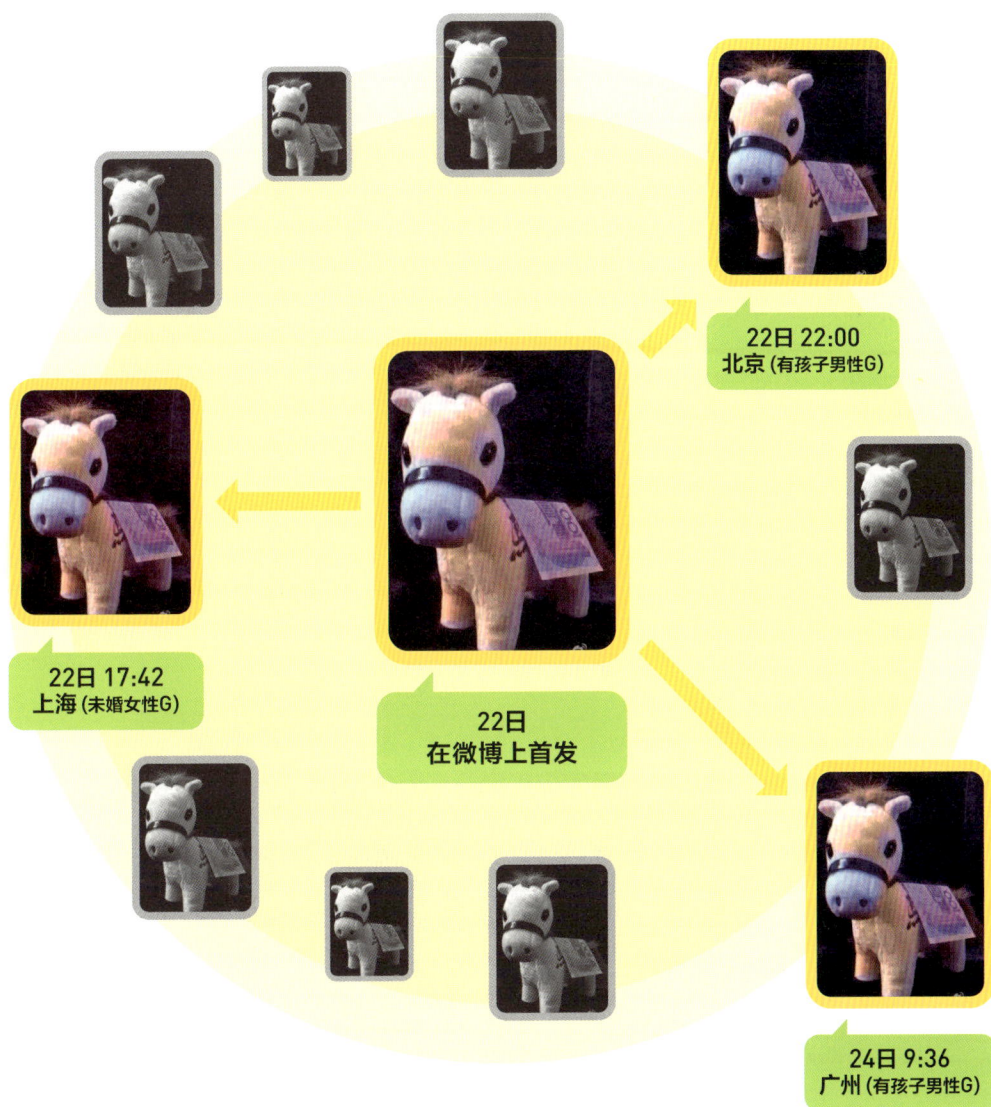

22日 22:00
北京 (有孩子男性G)

22日 17:42
上海 (未婚女性G)

22日
在微博上首发

24日 9:36
广州 (有孩子男性G)

※22日在微博上首发，同一天的17:42在上海的"未婚女性被访对象小组"的微信群内成为话题，之后又在同一天的22:00，
成为北京的"已婚有孩子男性被访对象小组"的微信群内热门话题。而到了24日9:36，又同样成为了广州被访对象小组内的
热门话题。

出处：[聊天式MROC (Marketing Research Online Community)调查]；
"马上有钱"来自百度百科检索 (URL:http://baike.baidu.com/subview/11781338/12242076.htm?fr=aladdin 信息获取日：2014.06.23)

同一话题
跨区域同时出现。

在上一页提及的"聊天式MROC"调查中，我们要求被访者就"新产品·新服务的相关话题"这一主题，在微信上开展自由发言讨论，为期两周。结果发现，期间有数个完全相同的话题出现在毫无关联的几个不同城市的被访对象小组内。比如说"新款智能手机"、"4G"、"日本的动漫角色相关话题"、"咖啡连锁店的促销活动相关话题"等等。

"信蜂"乐于收集和传播的信息范围不仅止于自身兴趣所在，他们更倾向于收集和传播其所在圈子可能会关注的事物，换句话说就是有多人会共同关注的信息。我们的调查※结果也证实了这一点。数据显示，回答"即使是我不感兴趣的新产品·新服务，如果能让别人开心，我也会积极地去与他人分享"的人占到了整体的55%。正是在这种意识的作用下，同一话题的相关信息才得以在不同区域的各小组间激发出共振传播的效应。

※［Digital life生活者调查］

聊天式MROC调查话题一览图

时间 →

北京 12月19日 ～ 1月2日	未婚 男性组	圣诞树	冰雪节	4G	智能手机 拍照软件	微信游戏	"马上有钱"	投资服务 「Y」	新上映的电影 「X」
	未婚 女性组	种植植物 (净化空气)	4G	"马上有钱"	日本动漫人物 「K」的相关活动	智能手机 新商品「A」	双十二购物节	泰国佛牌	品牌「O」的 指甲油
	已婚 男性组	电视音乐节目 「W」	多肉植物	"马上有钱"	品牌 的路由器	多肉植物	温泉	智能手机 新商品「A」	著名作家 的演讲会
	已婚 女性组	冰雪节	种植植物 (净化空气)	豹纹雪地靴	日本动漫人物 「K」的相关活动	电视娱乐节目 「B」	品牌「R」的 芝士蛋糕	黄金项链	睡眠面膜
上海 12月11日 ～ 12月25日	未婚 男性组	智能手机 新商品「A」	自拍神器	多肉植物	泰国佛牌	新上映的电影 「F」	智能手机 拍照软件	"马上有钱"	马年纪念币
	未婚 女性组	日本动漫人物 「K」的相关活动	投资服务 「Y」	智能手机 新商品「A」	电视娱乐节目 「B」	咖啡连锁店 「S」的相关活动	空气净化器	品牌「R」 的酸奶	"马上有钱"
	已婚 男性组	双十二购物节	桌面上的 观赏植物	动画片	4G	巧克力公园	"马上有钱"	日本家电	咖啡连锁店 「S」的相关活动
	已婚 女性组	品牌「X」的 电视机顶盒	品牌「T」的 电视机顶盒	碳酸饮料「C」 的相关活动	投资服务 「Y」	品牌「M」 的牛奶	电视娱乐节目 「B」	圣诞服装	品牌「M」 的酸奶
广州 12月21日 ～ 1月4日	未婚 男性组	新上映的电影	日本动漫人物 「K」的相关活动	品牌「A」 的新车	品牌「T」的 电视机顶盒	品牌「N」 的新车	智能手机 新商品「A」	马年纪念币	品牌「C」 的牙膏
	未婚 女性组	种植植物 (净化空气)	盆栽奶茶	日本动漫人物 「K」的相关活动	韩国的面膜	种植植物 (净化空气)	电视娱乐节目 「B」	新上映的电影 「F」	双十二购物节
	已婚 男性组	4G	单人汽车	"马上有钱"	电视娱乐节目 「B」				
	已婚 女性组	日本动漫人物 「D」的相关活动	服饰品牌「Q」 的相关活动	马年纪念币	投资服务 「Y」	智能手机 新商品「A」	智能手机 拍照软件	咖啡连锁店 「S」的相关活动	品牌「R」的 芝士蛋糕

※一览表显示的是调查期间出现的各小组内的主要话题，按时间序列排列。
不同小组内出现的同一话题以同一颜色标注 (白色则代表该小组独有话题)。

出处 [聊天式MROC [Marketing Research Online Community]调查]

高速·大面积扩散
以及信息的同质化。

简单说来,"信蜂"的信息传播行为特点可概括如下:

1. 信息的高速扩散

众多"信蜂"争先恐后传播信息的结果,使得信息的更新异常频繁,从而促成了信息的高速扩散。

(例:"漫画风应用软件")

2. 信息的大面积扩散

作为新信息高度敏感群的"信蜂"分布在全国的四面八方。这就使得不同区域同时关注同一信息成为可能,结果就是看起来信息实现了大面积扩散。

(例:"DIY盆栽")

3. 信息的同质化

理论上来说,关注的人越多,信息也就流通得越顺畅。因此,从这个意义上来说,信息的同质化也是自然结果之一。

(例:"芝士蛋糕")

例① 「漫画风应用软件」

能直接将人物肖像拍成幽默漫画的智能手机应用软件风靡一时。

➡ **信息的高速扩散**

例② 「DIY盆栽」

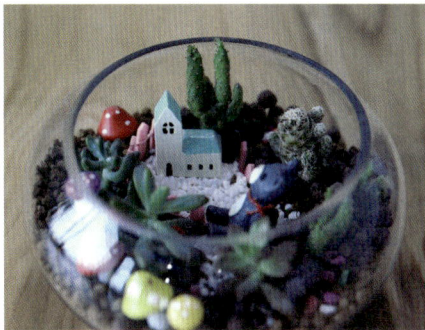

全国各地均流行在家中或办公室里摆放多肉组合盆栽等创意装饰盆栽。

➡ **信息的大面积扩散**

例③ 「芝士蛋糕」

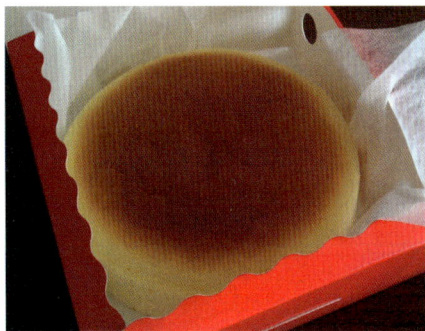

某一芝士蛋糕专卖店红火以后,涌现了一大批同类型的店。

➡ **信息的同质化**

4

"信蜂"效应下
营销方式的探索

有效刺激"信蜂"欲求，
促进圈内信息收发的活性化。

我们在第2章中曾经提到过，"信蜂"在其欲求的刺激作用下，会进一步加快自身的发展。换句话说，"相濡以墨"(想要增进与"圈子"的关系)、"秀外惠中"(想要为"圈子"做贡献) 以及"各领风骚"(想要领导"圈子") 等行为都会得到良好的发扬。比如说下面这样一个例子：圈子中有一人去了韩国旅游，她把当地的化妆品、护肤品和其他的一些时尚潮流相关信息都通过照片分享到了朋友圈。这样一来，受其影响，说不定在她的朋友圈中就会掀起一股大家共赴韩国的热潮呢。

也就是说，在此获得发展的，不仅是"以圈子为单位的信息同步化"，还有"以圈子为单位的体验同步化"，亦即"群体同步行为"的发生机会增多了。

同时，在"信蜂"行为的带动影响下，信息的筛选标准自然也会发生变化。判断信息价值的标准，将会从看"是否对自己有用"，转变为看"是否对圈子有用，是否想分享给圈子"。也就是说，在信息需求层面，可促进圈子活性化的、有助于"圈活力"强化的信息类需求增长了。

如此一来，要有效应对"信蜂"带来的种种变化，企业就必须在市场营销方式上做出适当的合理改变。转变的基本思路可以概括为，以促进"群体同步行为"的活性化，以及提供有助于"圈活力"强化的信息为切入点，为广大生活者提供相应的"规则"和"内容"，以达到促进"圈子"内信息行为活性化的目的。

市场营销的切入点

促进"群体同步行为"的活性化

提供有助于"圈活力"强化的信息

有利于"群体同步行为"活性化的规则以及有助于"圈活力"强化的内容的构思举例

下面简单地举几个以"群体同步行为"和"圈活力"为切入点的市场营销方案构思例子，希望能对各位今后的具体工作带来帮助和启发。

基于"群体同步行为"的构思举例：

1. 制定"圈子整体参与就能带来利益"的活动规则

2. 制定"易于带动其他朋友参与协作"的活动规则

基于"圈活力"的构思举例：

3. 提供容易诱发拍照共享行为的体验机会

4. 提供便于朋友间互相传情的机会或内容

5. 提供易以自己或朋友为素材的创意机会

市场营销方案举例

1
设置
"团体优惠"

2
设计
"联手机制"

3
提供
"上镜体验"

4
打造
"煽情讯息"

5
实现
"友情创意"

1

设置
"团体优惠"

制定
"圈子整体参与
就能带来利益"
的活动规则。

"家庭成员共享优惠"等以家庭为单位的促销措施似乎已屡见不鲜，而以圈子为单位的营销手法似乎仍在少数。目前已有百货店推出了专门对应圈子的营销活动，活动规则相当简单，一旦以圈子为单位注册会员，整个圈子就能共享折扣等优惠待遇。细想一下就不难明白，以圈子为单位注册会员这一做法保证了圈子内的自发性信息交流，例如"她都买了，我也买吧"，"我还是买跟她不同颜色的吧"等言行也容易产生，购买欲自然也就容易受到刺激。而与家庭成员不同，同一圈子内的成员大多属于同一经济水平或者拥有差不多的消费习惯。从这个意义上来说，这样的方案设计对企业来说也是非常有利的。

　　另外，还有一个例子是某体育用品厂家推出的某热门电子产品。它不仅可以记录每个人每天的跑步数据，还可以与朋友保持互动和数据分享。由此，单人行动时容易受挫终止的健身行为得以在朋友的鼓励或刺激下继续保持下去，同时，多人间互动的结果又使得交流和分享升华成一种团体行为并得到发扬。像这样，如果企业能够设计并提供"便于志同道合者相互交流的活动方案"的话，信息交流自然也会随之更加活跃起来。

2

设计
"联手机制"

制定
"易于带动其他
朋友参与协作"
的活动规则。

前段时间，年轻人中很流行一个以社交媒体（SNS）为平台的网络游戏。该游戏的主要规则是，在获取朋友帮助的前提下，猜出品牌名或者人物名。这个游戏之所以大受欢迎，正是因为它设计了一个"容易带动朋友共享欢乐"的活动方案的缘故。

像这样，其实我们也可以把这种"通过带动朋友一起参与来促进圈子内的信息扩散"的方案设计应用到市场营销领域去。比如说，便于与朋友一起实施头脑风暴的方案设计，便于与"同道中人"一起收集、交换藏品的方案设计，或者便于与朋友一起分享商品的方案设计等。

另外，还可以参考"10人以上方可预约就餐的餐厅"的例子，从一开始就限定目标对象的范围，在活动规则设计上规避个人参与，使得"以圈子为单位参与"成为必要条件。这样一来，当活动结束后，参加者自然也会在圈子内就共同的体验开展踊跃的信息交流。

比如说，为了更好地促进信息的扩散，可以在活动规则中设置类似"5人组团或10人组团方可参与"之类的参与门槛。

3

提供
"上镜体验"

提供
容易诱发
拍照共享行为的
体验机会。

随着智能手机和智能数码相机 (可上网的数码相机) 的普及，生活者也越来越习惯于把自己的所见所闻，特别是自己觉得"厉害！"、"有趣！"的事物随手分享给朋友了。试想一下，如果我们自己也出现在照片中的话，是不是这种想分享的心情更加迫切了呢？

从这个角度思考，我们其实可以预先设置一些让人一看就想拍下来的"上镜素材"或场景，比如说把某个商品扩大到巨型，或者运用最新技术将其漂浮在空中的做法等等。在此基础上，如果我们自己也能进入到镜头内，成为"上镜素材"的一部分的话，想必想要拍照和分享给朋友们的冲动会更加强烈吧。像这样，如果企业能在活动内容设计上提供一些新颖别致的体验机会的话，生活者就容易产生一种"兴奋地想与朋友分享"的情绪，这样一来，自然而然地，圈子内的信息传播也就容易达到活性化了。

4

打造
"煽情讯息"

提供
便于朋友间
互相传情的
机会或内容。

2014年春节期间，某聊天通讯软件推出了一个"送红包"的活动，吸引了众多的参与者。这个活动甚至带动了以往那些"不见面就给不到红包"的人士也一起参与了进去。

国外则有一个花店，策划了一个新鲜有趣的服务项目。大致内容就是，通过社交媒体（SNS）发起号召，建议拥有共同朋友的人们一起凑份子给那个鲜有机会见面的共同朋友送花。

这个案例的精彩之处在于，它敏锐地捕捉到了人们在现实生活中的微妙情绪。事实上，即便是在纪念日或生日等适合"传情"的特殊日子里，人们也往往会在不经意间忽略了爱的表达。在这种情况下，如果企业能够提供便于互相传"情"的机会，或者设计出适合表达的活动方案的话，就会吸引众多的人一起参与进来，信息也将会随之得到进一步的扩散。

具体说来，企业既可以选择直接面向社交媒体（SNS）圈内朋友派送礼物的做法，也可以选择去设计一个便于表达便于传情的活动内容。

5

实现
"友情创意"

提供
易以自己或朋友
为创作素材的
创意机会。

2014年春天，有一个能将自己或朋友的真人肖像画转变成幽默漫画的应用软件红极一时。

或许可以说，这个应用软件之所以受欢迎，其原因不仅在于它的趣味性，还因为它很好地迎合了人们对于自己或朋友相关话题所持有的关注和分享的需求。

由此可见，以自己或朋友为素材的话题，是很容易在圈子内扩散开来的。

如果企业在实施对外信息沟通的时候，能够把"以自己或朋友为素材"的生活者相关行为内容巧妙地嵌入进去的话，或许信息有望在短时间内得到迅速扩散。

比如说，可以推出一些应用软件或者设计一些网页，使得生活者可以借此将公司产品和朋友的肖像画简单地组合在一起。

【后记】

中国信息传播的"不变"与"变"

本次我们选定"社交媒体改变生活者的信息行为"作为研究主题时，内部争议最大的一点是，这个选题的中国特色到底体现在哪里？众所周知，社交媒体属于全世界。日本、美国有 Facebook、Twitter 和 LINE，相应地，中国有功能相似的微博和微信。由此可见，若要论及社交媒体所带来的影响，或者其实也可以简单地说，这不过是世界共通的。的确，借着社交媒体的登场，普通大众经由网络获取信息，再经由网络表达自我想法或生活体验的机会得到了大幅度的增加。就这一点本身而言，确实落在了世界共通范围之内。

不过，等到我们横向比较了多国生活者实际的信息收发行为之后，结论仿佛有所改变。实际上，信息收发行为及其对象内容是因"国"而异的。在中国，信息的传播更多的是以朋友为媒介载体，信息的流通则表现为出自朋友，而后又去向朋友。究其原因，主要是因为中国拥有"圈子"这一独特的文化背景。

在崇尚个人主义的西方，即便是信息行为，一般也走的是单人独行的路线。而在中国，集体主义的影响依然强势，反映到信息行为上，则是圈子意识普遍强烈。而这一点，正是我们认为的中国信息传播领域的"不变"之处。

那么，社交媒体的到来究竟改变了什么呢？答案就是，"圈子"内交流的活性化，以及各式各样"轻圈子"的诞生。这两者相互作用的结果是，生活者之间的信息交流变得异常频繁，信息量也得到极大膨胀，"信蜂"也因此应运而生。

"信蜂"所带来的未来是怎样的呢？

我们试着将此问题分解为"信息行为的变化"及"信息需求的变化"的两个不同层面加以考察，然后相应地，将答案也归纳成了"促进'群体同步行为'的活性化"和"提供有助于'圈活力'强化的信息"这两方面。

这里需要补充说明的是，"信蜂"所带来的影响，或者说，他们带来的新趋势抑或征兆并不止于此。虽然本次研究着重探讨了他们的信息行为和信息需求，不过，可以预测的是，因为"信蜂"的存在，品牌的存在方式以及其它商业形态都会受此影响，在将来的日子里不断进化下去吧。

我们由衷地希望，能和企业各界同仁及各位生活者们一起继续探讨这个课题，一起去想象和描绘"信蜂"给我们带来的未来图景。

博报堂生活综研(上海)　全体研究员

■ 博报堂生活综研（上海）

加藤敏明

大熊健二

多湖广

钟　鸣

石井雅士

王慧蓉

方华英

吴　冰

包　旭

中国传媒大学　广告学院

黄升民
(中国传媒大学广告学院院长 教授)

黄京华
(中国传媒大学广告学院广告学系主任 教授)

杨雪睿
(中国传媒大学广告学院广告学系 副教授)

项目协助

吉川昌孝

三好秀知

蒋雪妮

秦啸宇

(以上均为博报堂集团员工)

信 蜂

中 国 信 息 传 播 的 新 兴 群 体

生活者"动"察2014
The Dynamics of Chinese People
博报堂生活综研（上海）

图书在版编目（CIP）数据

信蜂 ：中国信息传播的新兴群体 / 博报堂
生活综研（上海）市场营销咨询有限公司著.
—上海：文汇出版社，2014.6
ISBN 978-7-5496-1202-4

Ⅰ．①信… Ⅱ．①博… Ⅲ．①信息学—传播学
—研究 —中国 Ⅳ．①G20

中国版本图书馆CIP数据核字（2014）第118946号

信蜂：中国信息传播的新兴群体

策划推进 / 博报堂生活综研(上海)市场营销咨询有限公司
责任编辑 / 戴铮
装帧设计 / 格拉慕可企业形象设计咨询(上海)有限公司
　　　　　　上海蓝奇紫辉广告传媒有限公司

出版发行 / **文匯**出版社
　　　　　　上海市威海路755号
　　　　　　（邮政编码200041）
经　　销 / 全国新华书店
印刷装订 / 上海锦佳印刷有限公司
版　　次 / 2014年6月第1版
印　　次 / 2014年6月第1次印刷
开　　本 / 889×1194　1/16
字　　数 / 50千
印　　张 / 7.5
印　　数 / 1—3000

ISBN978-7-5496-1202-4
定　　价 / 48.00元